MÉMOIRE
D'UN BRIN DE PAILLE

CHRISTINE LAFON

MÉMOIRE D'UN BRIN DE PAILLE

roman

nrf

GALLIMARD

Enfin c'est clair
Le sabotage est annoncé
Un t, deux t?
Le sabordage

Bon Dieu merde c'est vrai
Que toute vie a son destin
Mais qu'à chacun de nous le soin

de le remplir (...)

à Arthur R.
à Emily B.

PREMIÈRE PARTIE

Le temps de l'enfance

L'épine en naissant qui va,
la pointe en avant.

CHAPITRE 1

Où Jean Edmond et Marie Libertine
font leur entrée dans la vie.
Une vieille femme passe.

C'était alors l'aube d'été. Dans les pare-feu inondés de soleil le sable ondulait et sous les pins au milieu des bruyères stridulait l'incessant et joyeux crissement des grillons. Il y avait dans la chaleur du jour de nombreux papillons voletant de lumière, des ailes de libellules aux reflets argentés, une infestation de moustiques dès la tombée du soir.

La famille Hazera comptait deux filles.

Eglantine, l'aînée, était ce matin-là allongée sur son lit et lisait un roman, pleurant à moitié mais cependant savamment installée, jambes croisées aux chevilles, jupe relevée assez haut pour que l'on pût, mais personne ne passait par là, admirer le laiteux de ses cuisses découvertes, et seulement en guise de chemise un soutien-gorge de coton blanc. Eglantine avait déjà une forte poitrine que soulevait la langueur de l'été et la vague de ses désirs inexprimés. Elle avait ramené ses longs cheveux châtains en une épaisse torsade posée sur l'épaule droite et qui lui chatouillait le creux du ventre. Il faisait chaud. Eglantine était posée là comme pour une hypothétique photo de mode. Sous son matelas étaient cachées des revues érotiques, du moins le croyait-elle, qu'elle achetait les jours de marché et dont elle avait honte, délicieusement honte.

Sophie, six ans, déjeunait sur la terrasse.

Madame Hazera, juchée sur une chaise, rangeait des pots de confiture lorsque, soudain, une brusque et violente douleur utérine la retint, crispée, pendue au sommet de l'armoire ancestrale. Sous la secousse la chaise s'échappa, chuta avec fracas, et c'est ainsi que madame Hazera tomba de tout son haut, et de celui du siège, sur le carreau qu'elle venait de laver. Comme c'était son troisième accouchement et sans doute aussi dans sa nature les choses se passèrent vite, et si vite que là, sur le dallage humide de la cuisine, elle perdit les eaux et se délivra, coup sur coup, des deux jumeaux.

Marie Libertine naquit la première. Elle poussa un tel hurlement qu'aussitôt Sophie apparut sur le pas de la porte, la bouche maculée de chocolat, l'expression ignare, stupéfaite, jolie comme un cœur avec ses boucles blondes et le ventre encore rebondi de la petite enfance. Jean Edmond fit son entrée, ou plutôt sa sortie, ou les deux si l'on veut, le sourire aux lèvres, qu'il avait épaisses, violettes, un poing dans l'oreille droite et les yeux grands ouverts.

Eglantine enfilait déjà une chemise pour aller prévenir, bien qu'il fût trop tard, le médecin du village, lorsqu'elle s'arrêta, pétrifiée. Sur le pas de la porte, découpée de soleil, se tenait une vieille femme vêtue de noir, et qui portait à la main, ce qui n'est pas le moins saisissant, une pomme rouge rutilante. Eglantine, qui lisait beaucoup, poussa un cri. La vieille avait le nez busqué, le visage tanné, buriné, comme cramé de sel de mer, et de petits yeux bleus sous une flopée rêche de cheveux gris défaits. Elle paraissait n'avoir pas d'âge et plus tard Eglantine dirait qu'elle en avait « au moins cent » ; cependant c'est d'un pas ferme qu'elle entra dans la pièce, bousculant la jeune fille qui recula vers un coin de la cheminée. L'étrangère posa la pomme sur le rebord de l'évier afin de sortir plus aisément de sa robe une paire de grands ciseaux et un vilain bout de ficelle dont la couleur brune ainsi que la raideur évoquaient du sang séché.

Sophie, pensant qu'on allait l'assassiner, se jeta au-devant de la mère toujours étalée par terre en criant « non ! non ! ». Mais la vieille se contenta de la repousser avec douceur et, se penchant au-dessus de madame Hazera, coupa dextrement les cordons avant de soigneusement les nouer. La mère put enfin se relever de sa ridicule posture. On fit chauffer de l'eau, on lava les bébés, on s'activa. Ainsi la matinée passa ; dans le silence, car la vieille ne paraissait posséder du langage humain que quelques grognements indistincts. Personne n'osait la chasser.

Tout cela causa bien entendu un grand émoi dans la maison.

La vieille partit après que tout fut terminé, net et dans l'ordre, et cependant se servit un café brûlant comme si elle eût été ici chez elle, ce qui fait que le père, qui était au maïs, ne la vit pas, et l'on dut s'en tenir, pour la vérité de l'histoire, à la version féminine des faits. Selon Eglantine l'inconnue marmonnait entre ses dents des mots étranges et même étrangers, et traça plusieurs fois sur le corps des enfants des signes bizarres alors que la mère faisait sa toilette dans la pièce contiguë. Avant de s'éloigner elle enterra profondément les placentas jumeaux assortis de la pomme rouge au pied du poirier devant la maison, pissa sur la terre fraîchement remuée, debout, et le liquide coulait entre ses jambes comme un jet de vache, sous le regard médusé et plutôt dégoûté des deux filles.

Aux dires de la mère elle-même il paraissait bien que ce fût une sorcière ; Eglantine terrorisée cautionnant cette théorie, cela permit d'expliquer le curieux héritage des enfants. On parla de sort, d'envoûtement, de malice. Mais on ne parla plus jamais de l'ouvrier agricole maghrébin qui avait passé deux mois à la ferme l'automne précédent.

CHAPITRE 2

Le jour où l'on ne toucha plus aux jumeaux.
Evangel.

Les jumeaux grandissaient. Bruns et frisés, le teint mat d'un abricot qui aurait brûlé au soleil, ils ne ressemblaient à personne.

Ou alors fallait-il en appeler à Charles Martel.

Marie Libertine se prénomma tout d'abord Albertine, et plus exactement Marie Albertine, du nom d'une vieille tante décédée et réputée très brune dont le portrait trônait au-dessus de la cheminée, noir de suie au point qu'elle aurait tout aussi bien pu être blonde. Littéralement, on n'y voyait que du feu.

Si Jean Edmond se chargea de la rebaptiser ce fut par pure fantaisie onirique et sans y voir aucune malice car ce curieux et indécent prénom de petite fille n'était guère pour lui, et du moins à l'époque où il crut l'inventer, qu'un condensé innocent et poétique de libellule et d'Albertine. L'idée lui en vint le jour où, à l'ombre des grands arbres de la rivière bruissante d'insectes aquatiques et les pieds nus dans l'eau glacée une libellule bleue se posa sur le front de sa sœur, juste entre les deux yeux, faisant miroiter alors au gré des taches de soleil la noirceur de ses épais cheveux.

Quant à Marie, il lui vouait une passion sans bornes depuis que Sophie lui avait offert une image de la Vierge tenant un enfant dans ses bras. Sur cette gravure Marie était vêtue d'une simple robe aux plis bleus et le Christ était nu.

Marie-Libellule-Albertine devint Marie Libertine.

La famille se vit obligée d'accepter le fait car la jumelle, sourde à toute parole, fière et entêtée, ne répondit plus désormais à son nom de baptême. D'ailleurs elle n'était pas baptisée.

Le père essaya bien, dans un sursaut d'autorité, poussé par un nouvel éclat de furie maternelle, de calotter l'impertinente, mais on ne sut jamais comment, la paume de sa main rasant la brune joue de sa supposée fille, il perdit l'équilibre et tomba dans la cheminée où il se brûla la moitié du visage. Eglantine, qui ne savait pas faire grand-chose, se mit à hurler. Sophie, intelligente déjà, habile à ne jamais se faire pincer, admira en silence l'implacable et comme innocente vengeance des jumeaux. Marie Libertine, indifférente, resta là à bercer Mataba, sa poupée de son, en chantonnant comme si rien ne se fût passé, ou du moins rien qui la concernât. Jean Edmond ricanait dans un coin et la mère affirma que ce jour-là ses yeux, l'espace d'un éclair, étaient devenus verts autant que ceux d'un chat.

On ne toucha plus aux jumeaux. Ils faisaient peur. Se formait peu à peu entre eux et le reste de la famille un mur d'incompréhension dont la haine maternelle était le ciment et derrière lequel ils se forgèrent un monde à eux. Ils avaient alors, à l'août des libellules, à peine trois ans.

Une juste colère et les cuisses de sa femme avaient offert à monsieur Hazera une piètre revanche sur le sort injuste qui l'accablait car l'année suivant la brusque arrivée de Jean Edmond et de Marie Libertine vit la naissance d'un nouveau garçon, pâle et blond, fragile, et qui lui ressemblait. Le dernier venu naquit convenablement, dans un lit, le jour de Noël, ce qui n'est pas n'importe quand, et fut baptisé avec fleurs, musique, linge blanc et grand repas dominical. Celui-ci devint l'enfant chéri de la mère, la blonde rédemption. On l'appela Evangel.

Et pourtant la conception d'Evangel n'eut rien d'angélique, au point même que la honte de cet acte grossier et vengeur qui terminait de consommer la mésentente du couple empêcha à tout jamais qu'il y eût de nouvelle naissance à ce stade hiérarchique de la famille. Simplement, au renouveau du printemps, après huit mois d'une abstinence sombre, ce jour-là les jumeaux dormaient, à deux dans le même panier, près de la cheminée, le père avait voulu, obscurément mais décidément, authentifier après coup cette double naissance dont il se sentait fort justement exclu. Il se jeta donc sur sa femme penchée au-dessus du fourneau et qui tournait la confiture, releva ses jupes dans un débordement fébrile qui tenait davantage de la haine que du désir, et la prit ainsi, « comme un animal », dira plus tard madame Hazera qui partit sur-le-champ, en l'état, se confesser à monsieur le curé.

Madame Hazera, qui était une belle femme, abandonna dès ce jour toute activité sexuelle. Elle en perdit ses rondeurs sensuelles et mûres, cet éclatement des chairs qui fait la femme de trente ans, si bien que deux ans plus tard on imaginait mal comment, un jour d'automne, par une joyeuse chaleur de vendanges, elle avait pu se laisser bousculer en riant et jouant dans le foin du grenier par un jeune ouvrier bronzé et vigoureux.

Si la mère, aussitôt la naissance d'Evangel, se sentit autorisée à développer envers les jumeaux une haine d'autant plus irrépressible qu'elle en sentait bien la cruelle injustice, le père, curieusement, et cela fit jaser au village où il devint lamentablement le « double cocu », dès l'époque du malheureux épisode de la cheminée, les rangea discrètement sous sa bannière de martyre innocent de la fécondité hasardeuse.

Par ailleurs, étant d'une grande sensibilité, ce petit Landais au corps sec et nerveux se mit à fréquenter assidûment le bistrot du village et noya dans l'alcool son honneur bien perdu et sa virilité qui ne lui servait plus de rien. Bien qu'il n'en ait jamais rien dit et qu'il eût accepté sans broncher les invraisemblables contes de bonne femme, l'histoire de la vieille, de la pomme, et les cheveux bruns de la tante Albertine, il était parfaitement au courant de tout et c'est sans doute ce silence contenu et terrible qui l'avait poussé, tout d'abord au viol de sa femme, puis vers la boisson dont il ne revint pas. Il en arriva à se brouiller avec les années, confondit les réalités, déplaça les rancunes, et c'est Evangel qui devint, dans son esprit troublé d'alcool et de déchéance, le « petit bâtard ». De fait, il entrait quelque jalousie là-dedans, car le dernier né, graine de vengeance, avait bel et bien pris sa place dans le lit conjugal, et la garda longtemps, jusqu'à ce qu'il lui vînt, à son tour, des poils d'homme au menton.

Evangel, couvé par sa mère, adoré, adulé, se présenta dès le début comme un être mou, efféminé, maniaque, capricieux et délicat, souvent malade, asthmatique, « un amour, mon amour... », disait madame Hazera, qui en fit son nouveau mâle, son « petit Jésus tendre », « sa poupée », « son innocent de Dieu » et autres âneries amoureuses qui se conçoivent parfois dans le cœur d'une mère.

Dès la naissance elle l'installa donc auprès d'elle dans la

chambre matrimoniale d'où fut exclu le mari. Eglantine était déjà une jeune fille et continuait de consumer ses moiteurs dans des rêveries solitaires. Sophie termina de s'élever toute seule, ce qui l'arrangeait.

Quant aux jumeaux, qui n'avaient connu de soins dans leur première année que l'indispensable nourriture, Marie Libertine qui avait beaucoup pleuré, hurlé, jusqu'aux convulsions, Jean Edmond avec ses yeux d'un épouvantable regard sérieux, adulte, elle finit tout simplement, tout doucement, par les délaisser complètement. Leur petite enfance se déroula donc dans la pagaille, la liberté, le manque d'amour ou l'indifférence de cette famille qui, au nom de la mère, les ignorait. Heureusement ils étaient deux, s'aidaient, se soutenaient, se développaient dans une précieuse complémentarité, toujours pieds nus, mal vêtus, sales. Ils apprirent à s'organiser dès ce tendre âge où les enfants ordinaires, où Evangel le blond, tyrannique et possessif, saturé de protection, découvrent le monde derrière les jupes maternelles. De mémoire familiale, on ne la vit jamais les embrasser. Un jour qu'Eglantine, brave et sotte fille, cajolait la petite, elle reçut une gifle qui lui fit passer à tout jamais cet embryon de zèle sororal. Ainsi, petit à petit, la mère les évinça du cercle, ne pouvant plus, dit-elle, supporter de les voir traîner dans la maison, dans ses jambes, son territoire, sa vie, et réussit enfin à les reléguer au cellier.

C'était une petite pièce sur le côté de la ferme, qui servait à tout, c'est-à-dire principalement de débarras et de réserve, donnant à la fois sur la salle à manger et sur l'extérieur. Ils commençaient alors à marcher. C'était peu après la naissance d'Evangel, qui avait le sommeil fragile. Ils s'adaptèrent remarquablement bien. On eût dit qu'ils avaient attendu, ou plus simplement provoqué, cet exil qui les rapprochait encore. Marie Libertine s'arrêta de hurler, ne se tordit plus en colères impuissantes comme elle le faisait en présence de la mère, et Jean Edmond prit de l'assurance. Ils avaient encore droit à l'accès des pièces communes, mais en abandonnèrent peu à peu, en grandissant, le privilège. Ainsi ils apprirent très rapidement à faire leurs besoins dehors car la mère, du temps qu'elle devait les « changer », de façon tout à fait sporadique et attendant que l'odeur en fût insupportable, leur faisait, de rage, manger leurs fèces. Marie Libertine en garderait, pour toujours, le goût de mettre à la bouche des choses sales, comme de sucer des cailloux, des escargots, des limaces, mâcher de la terre ou du sable, lécher le bois des pins, s'emplir de résine odorante, de bruyère mauve, et jusqu'à se gorger avec le chien des tendres et parfumées crottes de jeune veau. Le père n'osait rien dire, disparaissait, bafouillait, se disloquait. Et le soir, dans le cellier, à côté des bidons de lait, des sacs de grain et de la poudre raticide que la mère avait dispersée là dans le confus espoir, mais ils étaient bien trop malins, qu'ils y goûtassent, ils se serraient l'un l'autre sur le vieux matelas défoncé et sans draps et se servaient l'amour du monde, et la ré-assurance sans cesse de ne pas être seuls, au mitan effondré de leur paillasse.

C'est bien connu, la mauvaise graine a bonne vie et les jumeaux prospéraient.

Au village, malgré toutes les précautions, on n'était pas dupe et personne, ou presque, ne crut rien de cette invraisemblable histoire de sorcière et de maléfices. Il se trouva bien un enfant et deux radoteuses qui jurèrent avoir vu, le matin de l'accouchement, une vieille toute noire sur son manche à balai et dans un nuage sulfureux, mais comme c'était samedi, jour de marché, il y avait foule sur la place, on s'étonna, à juste titre et par politesse, qu'une telle apparition ne se fût pas davantage remarquée.

Le bruit courut qu'ils étaient idiots, voire malformés, anormaux, monstrueux. Le facteur, quelques habitués de la ferme, seuls, eurent l'occasion, dans ces premières années, de les apercevoir. Et Forest, l'homme des bois, mais qui n'en parla pas. « Vifs et silencieux comme des furets », ce qui n'était pas original mais semblait exprimer la réalité, fut l'expression colportée par l'employé des postes, et dont il était fier. En tout cas ils grandissaient. La curiosité tint le village en haleine quelque temps, alimenta les conversations, on aurait bien voulu les voir, puis on les oublia.

Bien entendu on ignorait tout des mauvais traitements qu'ils avaient à subir, ou plutôt du manque de soins dans lequel ils se trouvaient. Du moins chacun était-il prêt à le jurer.

A quatre ans ils savaient faire les poubelles, vider la niche du chien, imiter le cri des animaux de la forêt, razzier le poulailler à la recherche d'œufs, grimper la nuit venue aux arbres du verger, quand le fruit, mûri par la chaleur du jour, redevient frais. Ils complétaient ainsi les maigres repas que madame Hazera leur faisait servir, à part et chichement, par son mari. Encore celui-ci n'était-il pas toujours là, souvent saoul, velléitaire et repentant. A cinq ans ils tuèrent leur première poule, une méchante fanchette dont ils burent le sang frais et chaud avant de l'emporter loin dans les pins où ils la mirent à cuire au fond d'un trou de sable, au creux d'un pare-feu dans lequel le soleil se couchait, étincelant de rousseur dans leurs yeux. On accusa le renard, manière d'éviter un nouveau drame. On les craignait. Un seul regard de Jean Edmond paraissait appeler le malheur.

Chaque matin, avant que la mère ne s'éveille, interpellés

par le jour naissant et le chant des oiseaux, les multiples bruits de la ferme et de la forêt, ils se glissaient dehors jusqu'à l'étable et se couchaient sous La Marquise pour se gorger de lait. Ils goûtèrent longtemps un plaisir profond à sucer les tétines baveuses, molles et fermes, enfonçant leurs poings dans la chaleur du pis, dans un mouvement alterné de pression et de soulagement, les corps rapprochés allongés dans la paille. La vache les connaissait, qui y prenait plaisir aussi.

Les cheveux crépus de Marie Libertine avaient blondi au soleil et au gré de la génétique, et si ceux de son frère restaient aussi bruns qu'un écheveau de laine endeuillée, elle avait, elle, des reflets dorés qui faisaient davantage encore ressortir son teint foncé et ses pupilles brûlantes frangées de cils noirs. C'était, déjà, une pure beauté, et monsieur Hazera lâcha un jour le malencontreux mot de *princesse arabe*, ce qui fit tourner le sang de la mère, d'autant que c'est bien ce jour-là que la tante Albertine choisit de sortir de son cadre, qui se brisa en sept morceaux sur le sol de la cuisine.

CHAPITRE 3

La maladie de Jean Edmond.
Où l'on reparle du poirier.

Le jour où Jean Edmond tomba gravement malade, madame Hazera exulta. Les jumeaux venaient d'avoir six ans.

Oh ! bien entendu, sa joie malsaine demeura secrète, ou du moins imperceptible à ceux qui ne lisent pas les signes. Simplement, visiblement, on pouvait remarquer ce rose aux joues, vif et tenace, transparent, les yeux brillants, avec des images au fond comme des lacs sous le soleil, l'exaltation, cet illusoire et malsain regain de jeunesse, une tension nerveuse qui faisait apparaître, se tendre les muscles sous la peau sèche, et une soudaine gentillesse oppressante, irréelle, envers les autres membres de la famille. Intérieurement elle bouillait, elle vibrait, le pouls en alerte, les muqueuses chatouillées d'impatience. Elle connut dans cette semaine d'espoir, oh combien morbide, inavoué, une fantastique montée d'adrénaline.

Elle épiait comme une juste revanche la détresse et l'incommensurable douleur de la jumelle. Elle trouva nouvellement à la vie un goût de sel, fort et vivant. Telle Perrette et son pot au lait, elle égrenait à grande vitesse et mauvais esprit les progrès du mal, se berçant à cette idée que, les jumeaux étant inséparables, si l'un partait, Jean Edmond, l'autre suivrait, Marie Libertine, effaçant d'un coup le passé. Pendant huit jours elle ne put rien avaler.

Le premier soir elle rêva d'un serpent. Le second, d'un pot de lait renversé. La troisième nuit elle se débattit beaucoup et retourna dans la maison de son enfance, dont les vitres étaient brisées. A la quatrième une pomme rouge tombait de l'arbre. En s'ouvrant elle révélait deux fœtus imbriqués autour du trognon, dont les pépins dessinaient les yeux noirs. Elle se retrouva sans transition petite fille dans la chapelle du château, et la pomme dans ses mains redevint l'hirondelle tombée du nid dont le cœur affolé, palpitant, ne put plus retenir la vie.

Elle se réveilla très troublée.

Mais la veille de l'imminence elle vit clairement Evangel monter au ciel et en emplir l'azur. Comme il lui tendait les bras, elle se fondit à cette immensité.

Concrètement, elle fit beaucoup de potages au miel et omit d'appeler le médecin.

*

Ce dimanche de novembre, les jumeaux jouaient dans la forêt. Plutôt que de s'enfermer dans le cellier, malgré la pluie fine et persistante, le froid humide suspendu dans l'air blanc, les enfants avaient préféré sortir. Les bois alentour étaient leur domaine.

Ils étaient partis pour l'heure de la messe vers le village, deux bons kilomètres depuis la ferme. Evitant les chemins, ils avaient coupé à travers taillis et fougères ruisselants d'eau sous le parapluie percé des pins des Landes. Les mûriers alourdis traînaient leurs fruits pourris sur le sable poreux. La nature brillait, reflets d'argent et d'émeraude. Le temps était mélancolique, triste, blanc-grisé, romantique. Les buissons déchiraient chaque jour davantage les vêtements usés, ou trop grands, ou trop courts, inadaptés, que madame Hazera négligeait de raccommoder. Jean Edmond courait devant, aidant sa sœur aux passages difficiles. Leur plus grand plaisir était alors de sauter les ruisseaux en crue ou de marcher dans l'eau, réveillant les crapauds et le magma d'insectes.

Ils avancèrent ainsi, mi-jouant, mi-courant, jusqu'à arriver en vue du village. Ils s'arrêtèrent sous le vieux pont de bois. Il y avait là une cachette, juste sous l'appontement un talus surélevé avec la place pour deux, et de l'autre côté de la rivière une petite fille toute blonde dans une maison très haute, qui les regardait de derrière ses rideaux. D'ici ils pouvaient également voir, par la rue de l'école qui y montait dans un harmonieux et peu accentué serpent, un petit bout de la place du village et l'agitation de cette heure-là. Ils avaient capturé dans une boite de conserve un nombre assez important de fourmis, criquets, gendarmes et autres insectes affaiblis par la menace de l'hiver et les mélangeaient à l'eau de la rivière avant de les offrir à leur poupée, Mataba, pur son et tissu recousu, vieille, laide, chauve, couturée, à la fois adorée et persécutée dans un intense rapport triangulaire, que leur avait offert Sophie. Elle ne les quittait jamais, était de toutes les sorties. La nuit, Mataba dormait dans la panière des chats, un cageot empli de paille, à côté de leur lit, après qu'ils l'eussent trempée dans le réservoir à lait et donnée à lécher aux félins ronronnants. Son nom restait un mystère.

Pour l'heure Marie Libertine goûtait chaque cuillerée de soupe en hochant la tête, exprimant un mécontentement dont la cause resterait obscure, et jactait en direction de la mounaque dans un drôle de langage.

Jean Edmond avait depuis le matin des marbrures violine au visage, mais c'est sous le pont qu'il se mit à grelotter. Son front était brûlant, quand une douleur violente et paralysante à la nuque le prit. Marie Libertine courut chercher une couverture. En passant devant la maison elle entendit qu'il y avait du monde. Sans doute quelque acheteur de poulet ou de lapin. Elle haussa les épaules en signe de mépris et cracha sans discrétion sur le pas de la porte.

Lorsqu'elle revint au pont Jean Edmond s'était allongé dans l'herbe mouillée et tenait Mataba serrée contre lui. La fillette les enveloppa tous deux dans la couverture, ôta les godillots trempés, frotta les pieds de son frère dans ses mains brunes puis se coucha à moitié sur lui qui continuait d'avoir si froid. Ainsi passa l'après-midi, lente et pluvieuse, sous un ciel bas qu'aucun lambeau d'éclaircie ne vint illuminer. Le village semblait désert, chacun terré chez soi autour du feu de cheminée, devant le poste de télévision, les tables du dimanche, le poulet fumant, au café autour du jeu de cartes, en famille, entre amis, au chaud. Le cœur de Marie Libertine se serrait comme un poing tendu de haine. Son visage qui se crispait prenait une raideur de vieillesse. Cependant c'est sans faiblir qu'elle continua, des heures durant, de fredonner de sa voix syncopée des chansons, des poèmes, hors de sens et qu'elle lui inventait. Caressant le front et les cheveux de son frère, qui s'endormit.

Mais à la nuit tombante, lorsqu'il s'éveilla et voulut se lever, le jumeau se trouva incapable de marcher. Ses jambes ne le soutenaient plus, molles de paresse. Il lui semblait s'enfoncer, chavirer sur un sol de sable mouvant. Son visage était d'une infinie pâleur. L'horizon bascula comme un spasme le secouait, et il se mit à vomir, violemment, brusquement, en jets douloureux. Marie Libertine affolée le planta là et se précipita chercher le seul être auquel elle pût intuitivement penser : le père. Ce n'était pas coutume et monsieur Hazera mit son béret de travers. Ils coururent sous le crachin. La mère terminait la vaisselle. Evangel venait de casser un bol.

Ce fut un spectacle touchant que de voir cet homme, pleutre, malheureux, culpabilisé, braver les interdits, la colère maternelle, et ramener dans ses bras le petit garçon, si jeune encore et qu'il n'avait jamais porté. Il le trouva terriblement léger. Jean Edmond, du fond d'une quasi inconscience où flottaient seulement les bruits emmêlés de cette après-midi tranquille et triste, s'en souviendrait toujours. Monsieur Hazera était ému. L'abandon du faible corps fiévreux roulé dans la couverture contre sa poitrine lui donna paradoxalement de la joie. Pour lui-même et doucement il chuchota à plusieurs reprises « mon fils... » en posant sa joue râpeuse et son haleine lourde sur les cheveux bruns de l'enfant. Ce jour-là il aurait chanté, mais comme il était fin saoul ce furent des larmes d'apitoiement et d'émotion qui coulèrent furtivement de ses yeux.

L'enfant passa une mauvaise nuit et sa sœur ne dormit guère. Monsieur Hazera avait laissé de l'aspirine à la petite fille, qui l'employa à profusion, mais inutilement. Le jumeau grelottait par vagues épuisantes. La fièvre était intense. Marie Libertine eut beau empiler sur lui toutes les gueilles à sa disposition, chiffons, sacs de jute, vêtements, la poupée trempée de lait et sur son ventre, bien au chaud, la portée de chatons qui avaient à peine deux semaines, rien n'y fit.

Au matin, les vomissements reprirent. Le ciel resta pluvieux.

Cela dura trois jours.

Cela dura trois jours au terme desquels l'enfant ne semblait plus vouloir vivre. On ne voyait guère alors dans son visage blanchi que les yeux agrandis de fièvre sous les cheveux collés suintant dans la nuque. L'odeur était épouvantable, des vomissures agglutinées sur le lit, de l'urine qui n'arrivait pas à sécher dans ce cloaque de sueur, mais enfin il s'endormit, car son corps maintenant n'avait plus rien à donner.

C'est alors, le quatrième jour, que madame Hazera entra dans la pièce. Elle lui toucha distraitement le front, elle avait un drôle d'air, elle semblait flotter, et dit que tout allait pour le mieux alors que tout était au plus mal. Marie Libertine, qui le savait, étouffa sa rage.

Elle aurait voulu mordre sa mère, la griffer, la déchirer.

Mais elle était seule.

Le jeudi, une aube pluvieuse perçait la vitre grise, sans persiennes, du cellier. Le ciel depuis dimanche ne s'était pas déchiré, mais le vent dans la nuit s'était levé, un doux vent d'ouest en tornades chaudes, qui balançait la cime des pins, faisait chanter les feuilles de l'automne, sifflait dans les tuiles du toit, s'infiltrait sous les portes. L'air de la mer ramènerait le bleu du ciel.

Marie Libertine s'endormit.

Elle reposait, lovée, toute habillée, le touchant de ses doigts, le visage habité de la paix du sommeil.

A dix heures Sophie était à l'école. Sa mère l'y avait déposée en partant à la ville voisine faire des emplettes avec Evangel. Monsieur Hazera était absent. De plus en plus absent, d'ailleurs. Seule Eglantine entendit le cri de sa sœur traverser la maison.

Marie Libertine venait de s'éveiller. Elle était restée là, étranglée, immobile, une seconde éternelle. Une révolte muette, intérieure, n'arrivait pas à sortir de son ventre noué.

Les lèvres ouvertes sur l'émotion, violente, elle portait sur le visage un étonnement tragique, le silence. Jean Edmond, endormi ou évanoui, cireux, sans respiration perceptible, semblait avoir définitivement quitté la vie. Pas un bruit, que le vent et la pluie. C'est alors que le cri dépassa sa gorge et retentit sauvagement à travers la maison.

Eglantine, terrifiée, affolée, eut un frisson d'horreur lorsqu'elle pénétra dans le cellier: car la fillette, ressaisie, à genoux sur le lit, étouffait maintenant, un à un, les six chatons. La mère seule put s'enfuir, hérissée et crachant, les yeux fous. La jumelle prit ensuite Mataba contre elle. L'enveloppant de ses chansons douces, elle lui arracha les yeux, lui lacéra le ventre d'où la sciure s'échappa. Elle entreprit de combler la béance ainsi créée avec les corps des bébé chats. Comme ils ne rentraient pas tous, elle en abandonna deux, qu'elle rejeta à terre. Eglantine put voir que l'un respirait encore. Mataba se mit à ressembler à une énorme femme enceinte. Jean Edmond ne s'était pas réveillé.

Puis la jumelle coupa une mèche des cheveux de son frère qu'elle lia soigneusement à une mèche de sa propre chevelure, et les siens étaient plus clairs, comme roux sur le noir d'un corbeau. De la tresse ainsi confectionnée, elle referma le ventre de la poupée. Son regard était calme, sans trace de larmes, froid, absent, « possédé », dira Eglantine, toujours excessive.

La mère chatte, revenue prudemment sur pattes de silence, discrète, méfiante, prête au rebond, se mit à renifler puis lécher les deux chatons abandonnés. Plus personne ne se souciait d'elle. Elle les prit dans sa gueule et disparut.

L'on s'était bien gardé, dans la famille, de parler aux jumeaux de l'importance du poirier au jour de leur naissance. D'ailleurs on ne parlait pas aux jumeaux, pas davantage qu'au chien, bâtard lui aussi, doué pour la chasse, accablé de mauvais traitements et de coups de pieds distraits, qui restait attaché à l'étable tout l'an et dont seul le père se préoccupait entre deux soûlographies. Cependant on n'avait pas coupé l'arbre, qui étalait toujours ses grandes branches tordues de vieillesse devant la maison, donnant à chaque automne des kilos de poires véreuses, mais juteuses et parfumées au dedans. C'est donc par hasard, ou par instinct, que Marie Libertine s'en fut enfouir Mataba sacrifiée tout près de ce même trou qui, six ans plus tôt, avait accueilli la pomme rouge et les placentas jumeaux. Elle accomplit cette cérémonie avec un grand sérieux, marmonna sur la tombe quelques prières incompréhensibles, puis elle y coucha deux fleurs blanches, jumelles des champs. Lorsqu'elle se retourna vers la maison, Eglantine, qui guettait de derrière le carreau, fut effrayée par l'expression dramatique qui marquait le petit visage, fixe et vieilli.

C'est bien ce jour-là que la sœur aînée crut de nouveau voir passer la femme en noir. Mais il pleuvait très fort, et ce n'était sans doute qu'une mauvaise ombre portée par les rafales de vent contre la fenêtre de la cuisine. La mort pesait réellement sur la maison, et l'on sait combien la jeune fille était impressionnable.

Marie Libertine retourna au cellier. Elle se coucha près de son frère comme si elle était, à son tour, malade. Mais ses yeux refusèrent de se fermer. Immobile, elle attendit.

*

Quelques heures plus tard Jean Edmond s'éveillait. La fièvre était tombée et lorsque, la nuit venue, monsieur Hazera, pris de remords, revint accompagné du médecin du village, ce fut pour constater que le petit était tiré d'affaire. Le docteur avança quelques reproches voilés, parla de méningite, recommanda de bien alimenter le malade afin qu'il reprît des forces ; ce dont madame Hazera se garderait bien, mais Marie Libertine était là, qui écoutait sans rien dire et veillait à tout.

Et ce soir-là le jumeau, assis dans ses guenilles, souriait doucement en buvant le bol de lait mêlé de sang de poule, de vin sucré et de jaune d'œuf surnageant, une mixture abominable que Marie Libertine lui avait préparée et qu'il avala jusqu'à la dernière goutte. La pluie avait cessé, la pleine lune perçait le carreau, caressait le lit, les yeux brûlants de Jean Edmond dans son visage amaigri, et le bonheur de la petite qui chantait à nouveau pour lui ses histoires de fées.

On la disait idiote, elle était mutique. On vit bien, le lendemain, qu'elle savait parler. Toute rose dans ses cheveux noirs elle se planta, très droite, devant la mère, et prononça en présence de tous ses premiers mots intelligibles : elle l'insulta, elle la maudit, Elle, sa mère, elle les maudit, eux, La mère et Le fils, et ce fut un atroce chapelet d'injures et de grossièretés que rien ne put interrompre que son départ ponctué d'un pet sonore.

Le lendemain madame Hazera retournait en ville acheter pour Evangel un trousseau d'hiver. Elle emmenait le petit avec elle. Au retour, la voiture fit une embardée. Evangel, qui suçait un énorme sucre d'orge, perdit un œil traversé par le long bâton sucré, sans que l'on pût raisonnablement affirmer que la fillette et ses malédictions non voilées en fussent coupables. Le destin joue parfois d'étranges tours. Les jumeaux étaient vengés.

La chatte avala le chaton mort. Tout un jour on l'entendit miauler, le ventre plein, d'une voix enrouée, d'un son rauque, déchirant, presque humain, à la lune, aux étoiles, au pâle soleil ressuscité. La maison était calme, Evangel à l'hôpital, la mère à son chevet. On n'avait jamais connu, ou on l'avait oubliée, c'était avant, avant la naissance des jumeaux, pareille félicité. Pour eux, en tout cas, c'était la première fois. Jean Edmond put se chauffer au feu de cheminée du salon, Eglantine fit des repas tendres, Marie Libertine chantait.

Puis la chatte se souvint du vivant, du rescapé. Et, la méfiance au coin des yeux, avec cette fidélité rebelle et fière du félin, elle retourna se lover dans la panière sous le lit des jumeaux.

CHAPITRE 4

Où les jumeaux grandissent.
Promenade à la mer.

Jean Edmond posa un doigt sur ses lèvres en signe de silence. Marie Libertine, cachée derrière le poirier, étouffa un rire.

Evangel était assis sur le pas de la porte et mangeait une banane. On lui avait posé un œil de verre qui imitait, presque parfaitement, le bleu incolore — « lavasse, mauviette », disait Jean Edmond — de son regard naturellement fade. Néanmoins il était borgne, et son champ visuel rétréci. Comme chaque matin on l'avait habillé de frais, un vêtement propre et repassé qui sentait la lavande. Rose, bleu, jaune poussin, ses couleurs vestimentaires étaient toujours douces et assorties, aux tons pâles comme pour évoquer la pureté du ciel et de ses anges, dont il était, s'il fallait en croire la mère. Une impeccable raie de côté, très démodée, partageait ses cheveux blonds, fins, une mèche plus longue recouvrant le mauvais œil.

C'était l'été. Sophie, qui allait sur ses treize ans, était au village chez une amie. Agréable, provocatrice, indisciplinée, séduisante, elle était très appréciée, sa compagnie recherchée, et glissait entre les doigts de la mère comme l'eau vive du torrent. Eglantine au pré gardait les vaches. Il y avait six veaux à l'étable. Le père sulfatait les melons, qui avaient souffert d'un début de mois pluvieux. Les tournesols ondoyaient sous le soleil et le maïs se dressait en belles hampes. Il faudrait bientôt embaucher. Les saisonniers commençaient à déferler dans les campagnes, faisant le tour des fermes. Des gitans étaient arrivés hier. On apprit non sans scandale qu'ils avaient vendu une de leurs filles *au château*.

Le plan se déroula comme prévu. Jean Edmond se glissa dans la cuisine depuis le coin de la maison, frôlant le petit du côté du mauvais œil, ce qui obligea celui-ci à tourner complètement la tête. Inquiet, son attention distraite, Evangel ne vit pas Marie Libertine qui coulait une flaque d'huile de vidange sur le dallage rouge du pas de porte. Il n'était pas tranquille et se contorsionnait sur ses fesses, cherchant à voir, dans l'obscurité de la pièce, le jumeau qui derrière lui bougeait sans arrêt. Pendant ce temps Marie Libertine parachevait son travail et posait délicatement, un peu plus loin, dans l'herbe, et surtout dans la direction du potager où était la mère, une bouse fraîche en se léchant les doigts. C'est alors que Jean Edmond resurgit de dedans la cheminée où il s'était caché, noir de suie, et, poussant un hurlement terrible, mi-cri d'indien, mi-ululement de chouette, parfaitement surnaturel, il se jeta sur Evangel qui détala vers le potager, glissa sur l'huile et s'étala dans la bouse. La banane, qui était mûre, éclata dans sa main.

Les jumeaux s'enfuirent en riant et disparurent pour la journée. La suite, ils la connaissaient. La mère avait horreur que Son fils se salît. Elle entrerait en colère, le frapperait, puis se vautrerait en demandant pardon. Ils seraient très malheureux tous les deux, Evangel ferait pipi dans sa culotte.

Les « farces » étaient fréquentes. Le petit frère était la proie favorite, facile, sûrs qu'ils étaient, à travers lui, d'atteindre la mère. Elle, ils l'avaient à l'usure, cachant ceci, chipant cela, et toujours disparus, envolés, à l'heure de la découverte. Un jour ils lâchaient les poules qui s'éparpillaient dans le bois ; un autre, ils mirent un rat mort dans le linge à repasser ; des insectes noirs et cornus dans les lits ; une charogne ramassée en forêt dans la lessiveuse ; un crapaud dans la soupe ; de l'eau de javel dans le lait du matin d'Evangel, qui fut bien malade. On retrouvait le sel dans le sucrier, le savon au frigo, le beurre dans la salle de bains, l'huile du tracteur dans la friteuse. Et toutes ces insupportables et méchantes bêtises finissaient par faire que l'on ne savait plus s'ils étaient mauvais dans l'âme, ce qui justifiait leur exclusion, ou si seul le manque de soins de leur petite enfance en avait fait ces êtres pervertis.

Ils arrivaient d'autre part à cet âge où l'on se fait un conte de la vie, où chaque jour voit l'éclosion d'une existence nouvelle et imaginaire. Ils furent fils de roi, poètes, maraudeurs, voleurs de grand chemin, princes en dentelles, vieux rideaux et sacs de jute, horde de loups sauvages, grands chasseurs d'insectes. Evangel jouait pour eux le rôle passif de victime, idiot de village, brebis apeurée, baron félon. La princesse arabe du père n'était pas tombée aux oubliettes et tout un été ils devinrent des pèlerins aux pieds nus, voilés de bleu, arpentant le désert des pare-feu en quête d'une action de gloire ou plus simplement d'une bêtise à faire. Bref, depuis leur naissance spectaculaire et indésirée, ils révolutionnaient chaque jour la maison, l'entretenant dans un état d'hystérie féminine, les cris d'Eglantine, les colères de madame Hazera, le rire très personnel de Sophie qui en profitait bien souvent pour faire passer sur leur compte ses propres sottises et qui les aimait bien, enfin la peur maladive d'Evangel.

Depuis quelques mois déjà ils ne se sentaient plus les fils de leurs parents, et tout naturellement s'appropriaient des lignées fantaisistes. Ils avaient fini par entendre parler de la sorcière, un jour qu'Eglantine et Sophie discutaient dans leur chambre, ou plutôt que cette dernière taraudait l'aînée de ses questions indiscrètes, et qu'eux-mêmes étaient cachés au grenier d'où il y avait quelques trous bien pratiques pour observer. Depuis ils s'entraînaient à la magie mais c'était comme inutile, soit qu'elle leur fût naturelle, soit que la seule croyance familiale y suffît.

Il eût été bien difficile de prendre ouvertement leur parti, et le père n'osait rien de plus envers eux, en signe de connivence passive, qu'un geste discret de la main dans le dos de la mère, un hideux clin d'œil de son regard bleu injecté de sang, quelques paroles au vent et des demi-sourires affligés. Ils sentaient en Sophie une complicité tacite et ne l'ennuyaient pas. Eglantine et Evangel étaient de loin les plus effarés.

Ils s'amusaient beaucoup. On peut dire de cette époque qu'ils étaient heureux.

Un jour, en passant par le salon, ils virent dans le poste de télévision un voilier sur la mer, qui traçait sa route d'écume au travers d'un flot couleur de perle, scintillant sur les crêtes et sombre dans le creux vertigineux des vagues. C'était bien plus beau que les petits radeaux surchargés d'insectes affolés qu'ils faisaient naviguer sur les ruisseaux de la forêt.

Or ils avaient souvent assisté, les dimanches matin de l'été, aux départs de la famille pour la plage. La mer n'était pas loin. Madame Hazera et Eglantine empilaient dans le coffre de la rutilante voiture rouge, celle-là même qui avait coûté un œil à Evangel, réparée depuis, repeinte, les paniers du pique-nique, le parasol à rayures, les serviettes de bain imprimées de soleil, le ballon et les vêtements de rechange, les boules de pétanque en plastique, la table pliante, les tabourets, la crème à bronzer, le matelas pneumatique bleu, et au dernier moment le poulet craquant de sel tiré du four. Evangel, affublé d'une barboteuse en tissu éponge qui le faisait ressembler à une fillette, passait fièrement devant eux, accroché à sa bouée tête de canard. Madame Hazera conduisait. Le père était ridicule, tout maigre dans son short de nylon, le béret noir des Landes sur le crâne. L'alcool l'avait vieilli prématurément et il était à moitié chauve. Eglantine faisait sa coquette, sans savoir ni pourquoi ni pour qui.

Le but essentiel de ces promenades était de « faire prendre l'air au petit », qui restait chétif et n'arrivait pas à bronzer. La mère bouclait la maison. Ne restait aux jumeaux que le cellier, dont l'accès était direct et indépendant du côté du poulailler. Elle priait chaque dimanche qu'ils ne missent pas le feu en représailles, ou quelque autre catastrophe imprévisible, comme ce jour terrible où Jean Edmond était monté sur le toit, au risque de se casser le cou, ce que madame Hazera lui eût aisément pardonné, et avait bouché la cheminée avec de la paille. Le soir le conduit s'était embrasé, c'était très beau, les flammes montaient droit dans le ciel, aspirées par les hautes sphères de la chaleur estivale, et l'on avait dû appeler les pompiers.

Or il se trouvait, exceptionnellement, qu'ils avaient accompli cet acte criminel sans la moindre méchante arrière-pensée, en toute innocence pourrait-on dire, ce dont ils ne purent ou ne voulurent s'expliquer devant la mère en furie qui les mit une semaine au pain sec, au grenier et sans lumière. Tout simplement le jumeau, sur les conseils de sa sœur, s'était mis en devoir de préparer le nid de la cigogne voyageuse qui leur apporterait de ses pays lointains une nouvelle Mataba, vivante, aimante, fruit jumeau de leur gémellité, et douce à l'image de cette Vierge à la robe aux plis bleus dont Jean Edmond était secrètement amoureux.

Un dimanche d'août, il avait fait très chaud et les pins embaumaient la bruyère, la forêt était sèche et belle, la famille rentra inopinément de la plage, beaucoup plus tôt que prévu, en pleine touffeur du milieu de l'après-midi. Jean Edmond et Marie Libertine étaient allongés sous le poirier et vaguement dormaient, somnolant dans la chaleur, la tête confuse emplie de douces rêveries, se chatouillant l'un l'autre les doigts de pied. La jumelle suçait son pouce. Le garçon, bouche ouverte, gobait les mouches. C'était un silence d'insectes, un bruissement d'été.

Le ronronnement imprévu du moteur pénétrant dans l'airial leur fit brusquement ouvrir les yeux.

Monsieur Hazera conduisait. Cela n'était pas accoutumé. La mère était à l'arrière, tenant Evangel contre elle. Eglantine avait posé sur son nez des lunettes noires qui faisaient star et cachaient ses gros yeux idiots régulièrement embués de larmes malsaines. Ce jour-là, justement, elle avait encore beaucoup pleuré, mais non de pitié narcissique comme à son habitude, seulement parce que le petit Evangel avait failli se noyer, que la journée sentait le drame frais, ce qui est très romanesque, et que tout effrayait délicieusement cette jeune fille attardée dans sa virginité. Le père, littéralement abattu de stupeur, en avait pris pour son grade qui n'était déjà pas bien brillant, car bien entendu tout était de sa faute, il y avait un coupable, quelle idée de lancer le petit dans les vagues, sur un malheureux matelas pneumatique, quand on ne sait pas nager soi-même, et il préféra, dès la descente de voiture, aller s'achever au café du village. Il disparut donc très vite sous les sarcasmes et les cris de sa femme. Evangel, blanc comme un linge, roulé par la mer, asphyxié de sel et d'eau, étranglé d'une peur panique, n'avait dû la vie qu'à la présence d'esprit d'un pêcheur dont Eglantine, privée d'images masculines et à ce point viriles, rêva longtemps. D'ailleurs, dès ce jour-là, elle se mit à raffoler du poisson qu'elle exécrait auparavant, et le moindre relent d'iode lui faisait mouiller la culotte.

Bien qu'ils fussent persuadés que ce petit chérubin d'Evangel n'était qu'un pleutre, un pisseux, un m'as-tu-vu sans envergure, les jumeaux furent très impressionnés par ce qu'ils entendirent sur l'océan terrible, mangeur d'hommes, rouleur de cadavres, monstre aquatique, perdition des marins, immensité mouvante, abîme d'émeraude, tonnant, grondant, mugissant en vagues d'eau apocalyptiques.

L'expédition fut fixée au lendemain.

*

Marie Libertine s'est occupée de l'intendance. Elle a pris du chocolat à la cuisine, du pain dur dans la réserve du cellier, des œufs frais à gober dans le poulailler, et quelques poires sur cet arbre auquel madame Hazera interdit que l'on touche et qui leur est donc implicitement réservé. Elle remplit une bouteille d'eau et emballe les provisions dans un chiffon noué que Jean Edmond portera. Tout est prêt. Le baluchon est dissimulé sous le lit. Ils vont dormir. Mais ce soir-là le sommeil ne vient pas et ils restent longtemps, les yeux ouverts, à rêver de la nouvelle aventure.

Au matin le sable humide de rosée s'accroche à leurs pieds nus, colle un peu puis se désagrège en poussière. L'océan n'est guère qu'à une quinzaine de kilomètres en suivant les pare-feu. Ils en ont depuis longtemps, sans le savoir, senti les rafales salées, respiré l'iode poisseuse que porte le vent d'ouest les tristes jours de pluie.

Ils ont d'abord contourné le village puis se sont fondus dans les bois. Jean Edmond marche devant. Il a soigneusement fixé le baluchon à une branche souple et solide et posé le tout sur son épaule gauche. De la droite il balaye le paysage. Deux ans ont passé depuis la terrible maladie et c'est un beau petit garçon, pas très grand mais fort. Marie Libertine trotte derrière. Elle a beaucoup d'admiration pour son frère.

Ils arrivent en vue des hautes dunes vers midi solaire. Il fait chaud. Ils ont bien marché. L'environnement s'est brusquement modifié à l'approche de la mer. Les pins ne sont plus maintenant ces grands mâts de navire de la forêt landaise, pointés régulièrement vers le ciel dont ils mangent la vision, filtres de lumière, monotones et réguliers, couronnes d'aiguilles dans le soleil ou dégoulinement vertical de pluie, mais bas et tordus par la proximité des tempêtes, poussés en pagaille au milieu des ronciers, les taches jaune citron des genêts, l'or des ajoncs épineux, le bruc sauvage des Landes. Ombres traînant sur le sable d'une finesse extrême. Ce monde de haut-plat entre dune et forêt leur est inconnu, enivrant, désert où dansent la chaleur et le vent. D'au-delà des mamelons dorés leur parvient un grondement diffus, régulier, comme un monstre endormi sous la voûte du ciel. « Tu entends, la mer... » dit Jean Edmond.

Mais la petite s'est allongée, épuisée et ravie. Elle lui sourit tendrement du noir chaud de ses cils plissés dans le soleil. Elle ne peut plus bouger. Et lui domine du regard, planté sur ses deux pieds, la très longue forêt dont le vert dans ses yeux peut-être se reflète.

Il la forcera à manger. Il cueille pour elle des mûres énormes aux ronciers inviolés. Elle a les lèvres pourpres, la moustache violette. Il la fait boire. L'eau est tiède, écœurante. Personne ne vient jamais par ici. Ils ont pris les sentiers les plus improbables. Le sable est vierge de tous pas, seul le cheminement de leurs petits pieds d'enfants.

A trois heures ils attaquent la dernière dune et découvrent l'océan. Ils sont presque déçus. De là-haut où ils sont les vagues s'écrasent petit comme les ridelles d'un ruisseau. Cela n'a rien du monstrueux attendu.

Mais tout de même vivant. Mouvant. Vert et bleu sous le ciel. Infini dans le lointain où l'horizon se rassemble. Avec de larges cercles de couleurs différentes qui suivent les courants. L'argent sur la crête des vagues. Et les ruisselets attardés qui forment des canaux dans le sable délaissé du reflux.

Ils dévalent la pente à toute course. Ils rient. Ils roulent. C'est facile et grisant. Le sable s'accroche aux frisures de leurs cheveux solides. Ils se mettent nus et se jettent à l'eau. Ils n'ont pas peur.

Ils furent, cette après-midi-là de vraie liberté, tour à tour pirates de haute mer, voyageurs échoués, pêcheurs de baleines et de requins dorés, indiens. Leurs proies sont ces innombrables trésors portés par les marées, soulevés par les vagues, échoués sur la grève au gré régulier des courants, bouleversés par le bouillonnement des tempêtes, sans cesse amenés, remmenés, inexorablement soumis au cycle des lunes, chaussures, bouteilles, pastèques éclatées, tubes de crème, caisses, plastiques, bouts de branches et morceaux de bois, cambouis et pots de margarine venus d'Espagne où s'accrochent les algues, les lichens, les coquillages. Les plumes de mouette ne manquent pas, que leur course éperdue dans ce coin désert font fuir en vol groupé, et qu'ils se fichent dans les cheveux en poussant des hurlements démesurés que le vent emporte. Ils se lancent dans les vagues, se laissent immerger, reparaissent, la tête échevelée dans un souffle coupé, ouvrent leur bouche à l'eau, s'en remplissent, recrachent, glissent au fond des baïnes comme des carpes. Et rient.

*

Le soleil, flaque rouge, se noie dans la mer. La dune est dure à grimper. Le sel sèche à la peau, y forme des friselis blancs. Jean Edmond aide sa sœur, il la tire, tendu vers le sommet. Ils dormiront sur la haute plate-forme d'une palombière, un peu plus loin sur la côte, vers le sud. Ils ont froid. L'air marin pénètre le corps tout entier épuisé par la force jusque là inconnue de l'océan. Saouls. Ils en garderont toute leur vie cette magique impression d'ivresse qui confine à l'épanouissement bienheureux, extatique, de celui qui parle à Dieu. Mais ce n'est que de la fatigue, un savoureux épuisement physique qui leur donne de la drogue à l'âme.

La forêt sombre les enveloppe de son silence. Le grattement d'un mulot qui ramasse les miettes de pain dur. Le ululement d'une chouette dans le lointain. Une autre qui lui répond. Le vent dans les pins. Le craquement du bois. Une pigne qui tombe. Et par-dessus tout le roulement des vagues qui monte, envahit la colline de sable, puis se dilue comme une pluie entre les arbres. Ce soir-là comme jamais ils écoutent leurs respirations réunies dans le rêve d'une symbiose inaltérable. La paix berceuse et lénifiante des souffles accordés.

« Je sais, dira des années plus tard Jean Edmond à Marie Libertine, je sais que ce besoin que j'ai de toi, et qui vise à te dépouiller de toi-même pour te fondre à moi, faire de nous cette indissoluble existence, est le signe exact, la preuve terrible de mon amour pour toi. »

Mais ce ne sont encore que des enfants, deux jolis jumeaux mal peignés, transis de faim, de fatigue et de froid, serrés, ivres de sel, deux jolis bâtards qui s'endorment dans les pins.

CHAPITRE 5

Sur le chemin de l'école.
Le Noël d'Evangel.

Or il arriva que la nouvelle institutrice du village entendit parler des jumeaux.

C'était un dimanche à la paroisse. Beaucoup de femmes étaient réunies là, car il y avait kermesse, un grand nombre d'enfants et monsieur le curé. Il s'agissait de faire une collecte avant l'hiver en faveur des pauvres de la commune, qui ne manquaient pas ; tous n'avaient pas la chance, comme ceux de la ferme du Bout, de posséder une bonne terre à cultiver. Et le chômage, les familles nombreuses, les difficultés de l'agriculture dans ce pays généralement sablonneux, à quoi venaient s'ajouter l'alcoolisme, traditionnel, et une certaine arriération mentale, faisaient que certains enfants chaque automne arrivaient devant l'école avec aux pieds des chaussures trouées, pas de manteau ou la vieille cape d'une grand-mère trop âgée pour quitter le coin du feu.

Au village même deux familles, honnêtes et dans le besoin, étaient connues de tous et, grâce à leur digne tenue morale, se trouvaient être, pour ainsi dire, les pauvres attitrés de l'Eglise.

Ainsi les Pelletiers, qui habitaient près de la fontaine au

centre du village, sur la place même, une vaste maison bourgeoise dépourvue de confort, menacée par la ruine.

Les Pelletiers étaient deux veufs, flanqués l'un de quatre garçons, l'autre de cinq filles, et qui avaient encore conçu, car madame était jeune, quatre enfants supplémentaires au partage des sexes équilibré, portant à treize la trop nombreuse descendance. Il était difficile de nourrir et vêtir tout ce monde et monsieur Pelletiers y avait laissé le gros de ses forces, les garçons étaient trop jeunes pour l'aider, d'autant qu'après le décès de sa première épouse il s'était abandonné à la dépression, dépassé par la tâche, accablé de maladresse devant sa progéniture turbulente, le dernier à peine sorti des couches, et pas un seul qui sût faire le ménage, habiller les plus petits, les courses, la vaisselle, sans parler des toiles d'araignée ni des résultats scolaires qui n'étaient pas ce qu'ils auraient dû être. Et cependant, cela fut remarqué dans le village, il n'eut pas recours comme d'autres aux artifices de la boisson, mais aux consolations de l'église.

Puis il avait, avec sa nouvelle épouse, rencontrée un soir de quatorze juillet, et qui était d'un village de la côte, percé le mur de façade sur la place et ouvert là une boutique à tout vendre qui marchait cahin-caha.

Il y avait aussi le père Mougeot, un brave homme pensionné de guerre, qui n'avait jamais fait d'histoires et qui élevait seul la fille naturelle de sa fille unique partie un jour en Amérique et dont il n'avait plus de nouvelles. Mougeot et la petite Virginie vivaient solitaires tout près du petit pont et de l'ancien lavoir d'où les jumeaux pouvaient regarder l'enfant blonde à sa fenêtre, dans une bicoque haute dont les colombages, et le balcon de bois surmontant la venelle au long du ruisseau clair, dataient du Moyen Âge. C'était là, en effet, le plus ancien quartier du village.

L'institutrice venait, croyait-on, du nord du pays, c'est à dire, pour les gens d'ici, de plus haut que la Loire. En réalité elle était angevine. C'était une jeune fille blonde d'à peine vingt-deux ans, polie, aimable, dynamique, et que l'on considérait d'un bon œil, car elle ne dédaignait pas d'assister à la messe du dimanche et aidait le curé et ces dames au besoin.

Madame Hazera arriva en début d'après-midi. Elle traînait derrière elle Evangel, bien vêtu, l'ennui maladif d'Eglantine, et Sophie aux boucles blondes dont la beauté candide, l'œil malicieux et tendre, laissaient envisager le pire ou le meilleur. Elle était donc présente, ce dimanche de septembre, dans une robe terne et les cheveux tirés qui lui donnaient l'allure, désirée, d'une bigote irréprochable. Et le fait est que plus un homme au village ne regardait la belle Anne Laure de ces regards sans équivoque qui couvraient auparavant ses déplacements et le lourd balancement de ses hanches. Elle était devenue grise et sans forme.

C'est en passant près d'un groupe composé de quatre femmes: la Pelletiers, très fière de sa progéniture additionnée; la mère Baudru, épicière de son état; la Marie, épouse bavarde du facteur; enfin madame Barthou, la femme du maire, grasse, luisante de crème, coiffée d'un chapeau à fleurs, pompeuse et ridicule, que mademoiselle Alexandra, l'institutrice, entendit chuchoter sur « les bâtards de la ferme du Bout ». Elle connaissait bien le petit Evangel, un piètre élève d'ailleurs, et l'intelligente Sophie. La Marie affirmait que les jumeaux vivaient comme des loups; son époux le facteur les voyait souvent, tapis dans l'ombre humide du petit pont, à guetter le village, et les apercevait parfois, fuyant dans les sous-bois, imprévisibles, comme sauvages. Il les décrivait sales, mal peignés, en haillons. La mère Baudru hochait la tête. Madame Hazera avait bien du malheur, mais enfin elle l'avait cherché. La femme du maire, toujours en quête de bonnes actions à mettre à l'actif de l'urne électorale, était fort embarrassée; comment venir en aide à ces deux diables, dont la famille elle-même n'était dans aucun besoin, financier s'entend? L'affaire touchait les consciences. Il y fallait de la délicatesse.

Elle n'eut pas à prendre une telle responsabilité, et cependant put garder le bénéfice d'avoir lançé l'affaire, car l'institutrice sauva la situation, à qui l'on raconta toute l'histoire dans le creux de la main, avec des regards inquiets sans discrétion aux alentours, non que l'on se souciât d'éviter quelque chagrin à madame Hazera, mais enfin parler de ces choses là était peut-être déjà un demi péché, d'autant que toutes savaient bien le délicieux plaisir que chacune y prenait. Et justement mademoiselle l'institutrice, qui était du nord du pays, où l'on est moins chrétien, pensait-on, et laïque du gouvernement de surcroît, promit de s'en occuper.

Alexandra se rendit donc à la ferme du Bout le jeudi suivant, car il n'y avait pas classe. Elle écrivit d'abord à ses parents, qui étaient enseignants eux-même et gens de bon sens, pour leur raconter ce qu'elle savait de cette sordide et banale histoire de campagne, et qui la révoltait, car enfin ces enfants n'y étaient pour rien. Elle prépara soigneusement les cours du lendemain, nota les copies des plus grands, elle aimait le travail bien fait, et partit l'esprit tranquille.

Le chien, tirant sur sa corde à s'en arracher le cou, aboya terriblement lorsqu'il la vit arriver, juchée en robe paysanne fleurie et simple sur son vélo. C'était une belle journée d'équinoxe. Elle coucha la bicyclette à l'entrée de l'airial, au bout du chemin de sable qui sentait la résine et déjà les châtaignes. Elle termina à pied.

La mère, entendant du bruit, excédée par les aboiements furieux de cet imbécile de chien, s'essuyant hâtivement les mains à son tablier car elle était à la lessive, sortit sur le pas de la porte. Les jumeaux s'étaient esquivés à l'arrivée de l'institutrice, anticipant peut-être, dans le vêtement propre de l'inconnue, sur un éventuel départ vers l'assistance publique mais, non loin, observaient de derrière la grange.

Madame Hazera s'attendait depuis quelque temps à une visite de ce genre et ne fut pas autrement surprise. Après tout, cela lui était bien égal que les jumeaux allassent à l'école, elle toucherait les allocations familiales et pendant ce temps finalement elle aurait la paix, que l'institutrice s'en débrouille, et elle dit à mademoiselle tout le mal qu'ils faisaient, les histoires de rats, d'eau de javel et de fugues à la mer, même qu'ils disparaissaient parfois plusieurs jours, des anormaux, des monstres, qui n'aimaient personne d'autre qu'eux-mêmes, ce qui est bien difficile pour le cœur d'une mère, des ingrats, ces enfants.

Mademoiselle demanda à les voir et la mère les appela d'une voix forte et cependant douce, celle qu'elle réservait d'ordinaire à son petit ange qui, cette après midi-là, dormait paisiblement dans le lit maternel vidé d'odeur mâle. Bien qu'il eût largement passé l'âge des siestes, madame Hazera y voyait, outre un élément indispensable à son équilibre, un moyen de lui garder l'innocence du bébé.

Mais les enfants ne répondaient pas et la mère dut se déplacer. Elle revint en poussant devant elle un Jean Edmond placide au sourire en coin qui lui plissait le vert des yeux et Marie Libertine qui, ulcérée par son simple contact, hurlait. La fillette accueillit Alexandra par une grotesque série de grimaces et, dès qu'elle se trouva libérée de l'emprise maternelle, releva prestement ses robes qui étaient courtes et lui montra ses fesses brunes. « Vous voyez bien, dit la mère, ce sont des mauvais... »

L'institutrice ne chercha pas à les approcher. Elle leur dit simplement qu'elle les attendrait le lendemain, à l'école ; sans doute savaient-ils où elle se trouvait, puisque aussi bien ils pouvaient la voir de dessous ce pont de bois où ils étaient accoutumés à se tenir, « vous voyez, je vous connais bien », ajouta-t-elle, et sans aucune menace ni cajolerie, mais en les appelant chacun par son prénom. Elle posa entre elle et eux un sac de vêtements.

Ils allèrent donc à l'école.

Marie Libertine aurait voulu s'enfuir, effrayée qu'elle était par ce monde nouveau. Mais Jean Edmond, qui avait réfléchi, car c'était un garçon ordinairement posé, et avait souvent regardé avec envie le cartable, les cahiers, les stylos d'Evangel et de Sophie, la traîna derrière lui jusqu'au village.

Ils y firent leur entrée le lendemain, qui était un vendredi, dès l'aube, rasant les murs par une prudence habituelle, alors pourtant que tout le monde dormait encore. Seuls quelques chats et un chien errant vinrent à croiser leur chemin. Ils attendirent en silence devant le portail.

Les deux enfants connaissaient le village comme leur poche, sans pourtant y avoir jamais mis les pieds. La rue principale, en prolongement de la route départementale, croisait, à hauteur de la place centrale, la jolie ruelle en serpentin vers le ruisseau, où se trouvait l'école, et que l'on appelait « la rue longue » car elle était étroite, bordée de maisonnettes aux jardins grillagés, avec des roses trémières, de la gracieuse et romantique glycine, les églantiers mêlés aux bignonias rougeoyants, des hortensias et quelques arbres de verger. La rue d'en bas, de terre battue et régulièrement inondée, où se trouvait la maison du grand-père

Mougeot, conservait sa façade moyenâgeuse et courait le long de la rivière, claire sur son lit de sable. Un lavoir y portait son ombre. Le petit pont y jetait sa chaussée de planches grossières. C'était là un ancien passage vers l'est, où se trouvaient les fermes les plus prospères. Cette partie du village lui conservait un charme tranquille. Cependant, les intérêts citadins s'étaient recentrés autour de la place, avec ses cafés, l'église et la mairie. Et cela faisait déjà plusieurs années que l'on avait construit un nouveau pont, en dur, avec un trottoir pour les piétons, vers la sortie nord, en prolongement d'un dégagement harmonieux de la grand-route qui, elle, filait tout droit à travers les forêts de pins, vers les villes. De ce côté on trouvait également un lotissement de maisons modernes, coquettes et fraîches quoique toutes identiques. A l'ouest le village se perdait, s'essaimait, s'éclaircissait en fermes de plus en plus isolées, de plus en plus pauvres, dans les bois, vers la mer.

Ils aimèrent l'école parce qu'elle leur donna ce qui leur avait toujours manqué : la conscience d'exister — la fierté. En deux mois ils avaient rattrapé les cancres du fond de la classe ; à Noël ils savaient lire et avaient dépassé le niveau du fils du maire, Gentin le Grand qui n'était, il est vrai, pas bien malin, et venait de rater son certificat de fin d'études primaires.

Au printemps, quand madame Hazera, cherchant Evangel, tomba, par hasard, derrière l'étable et au milieu d'une belle flaque de soleil, sur Sophie faisant répéter leurs leçons aux jumeaux, elle comprit qu'elle n'aurait jamais dû les laisser sortir du cellier. Maintenant il était trop tard.

La lecture leur ouvrit l'esprit, peupla leurs jeux, combla les dimanches de pluie. Alexandra et Sophie leur fournissaient des livres. Ayant lu les lamentables histoires de Cosette et de Cendrillon, du Petit Poucet, de Hans et Gretel, mais aussi *L'île au trésor* et *Robinson Crusoé*, ils en vinrent à la conclusion que le tout dans la vie et la meilleure façon de s'en sortir c'était de s'occuper de soi-même. Jean Edmond en toutes choses était le cerveau et la réflexion. Ainsi, pendant quelque temps, on n'eut plus à relever aucun méfait de leur part dans la maison. Les relations étaient calmes. On ne les entendait pas. On les voyait à peine.

Mais quand, un an plus tard, alors qu'ils en avaient appris le sens, Noël de nouveau les oublia pour fêter de façon splendide la naissance du Christ et d'Evangel le borgne, Jean Edmond n'y tint plus.

Et c'est ainsi que le vingt-cinq décembre au matin de sa neuvième année, par une pluie torrentielle et froide qui coulait au dehors, Evangel réveilla la maison de ses cris et faillit bien ne plus croire au petit Jésus. Les jumeaux, pendant la nuit, avaient patiemment truffé de piments rouges les bonbons de sucre et de chocolat qui pendaient à l'arbre festoyant, et maintenant ils écoutaient, avec délice, les hurlements enflammés de leur frère.

Et Jean Edmond se disait que tout de même l'action a du bon...

CHAPITRE 6

Muette et le vent.
Pour un sourire de Marie Libertine.

Peu après cet épisode de Noël, dramatique pour certain, madame Hazera décida de mettre son protégé à l'abri et inscrivit donc Evangel dans la plus proche école privée. C'était, à huit kilomètres de là, un établissement poussiéreux qui sentait son début de siècle. Peuplé de garçons, il était tenu par des religieuses.

Le « petit » se remit, derechef, à uriner dans ses culottes. C'était une vraie catastrophe. Comme il n'était que demi-pensionnaire et continuait de dormir dans l'ex-lit conjugal, il n'était pas rare que la mère se retrouvât, au matin, trempée de l'odeur forte, ce qu'elle supportait avec une patience telle que l'on eût pu penser qu'elle y prenait plaisir, alors même qu'elle entrait parfois et paradoxalement dans de terribles colères pour de simples vétilles émanant du cerveau fragile de son adoré.

A son grand dépit les jumeaux s'étaient merveilleusement bien intégrés à la vie de l'école, et là, comme à la maison, on s'était mis à redouter le regard vert de Jean Edmond. On avait pourtant essayé de les mettre au pas, le garçon n'était pas bien haut, et il y en avait qui n'étaient pas des tendres, des grands de quatorze ans, du muscle, du vif, mais pas de cervelle. Or il suffit qu'un jour, peu après leur entrée louvoyante et timide dans le petit matin de ce premier vendredi, le fils du maire, qui était le meilleur tireur de fronde de la région, à défaut d'être bon élève, tentât de lancer un beau caillou rond à la tête du jumeau. Celui-ci était pourtant droit devant lui, à seulement quelques mètres, il ne pouvait pas le manquer ; mais le projectile, par une inexplicable malice, et l'on ne douta pas qu'il y eût là maléfice, dévia de sa trajectoire, partit irrémédiablement de travers et même, sembla-t-il, selon une impossible course, pour entrer dans la bouche ouverte d'Elisabeth Marivoux, qui faillit s'étouffer.

Il y eut aussi cette fin d'après-midi avant la cloche de cinq heures, espace et temps réservés à « l'expression », et où Marie Libertine, debout sur l'estrade, lisait un poème. Sérieuse, le rose aux joues, car elle aimait cet exercice, elle déclamait d'une façon parfaite, libre, accompagnant la poésie de son corps dans une animation gestuelle qui trahissait, pensa l'institutrice, ses origines africaines, une volupté des mouvements en accord parfait avec le chant des mots, vivante en diable, heureuse. Mais le poêle à charbon, qui certes était ancien, avait pris feu au moment même où les cancres attardés du fond de la classe, ne pouvant plus s'en retenir, s'étaient mis à ricaner sottement. Rompant le charme indéniable, l'un d'eux eut le pantalon brûlé.

Ces histoires, ramenées avec d'autres dans les cartables du soir, firent le tour du village et, ajoutées à ce que l'on en savait déjà, décidèrent les parents, surtout des plus petits, à recommander la prudence à leurs rejetons. Il y eut même une pétition pour évincer les jumeaux de l'école, les placer dans une institution spécialisée, plus adéquate au sens de tous, mais elle n'aboutit pas. Mademoiselle Alexandra tint bon, et jusqu'au fils du maire qui intervint auprès de son père, ne voulant pas, après l'épisode de la fronde, passer pour un lâche.

Il y avait cette enfant, dans l'école, que l'on appelait Muette, car elle était sourde. De son vrai nom Virginie, c'était la petite-fille du papet Mougeot. On l'aimait bien, dans le pays, d'une certaine façon on s'en sentait obligé, car, disait-on, dans son oreille sourde, et bien qu'elle en eût deux comme chacun, elle entendait chanter les anges. Et on ne sait jamais ce que peuvent dire les anges. Elle savait écrire, lire et compter. Elle n'avait pas connu sa mère. Mademoiselle, qui s'en était occupée dès le début, en était très fière.

Muette, plus jeune de quelque six mois que nos jumeaux, avait de grands yeux couleur de menthe sauvage, de ce vert-bleu sombre et luisant de tapis de mousse mouillée, et des cheveux blonds et fins. C'était une enfant gracile au riche monde intérieur, légère comme une gazelle, qui s'attacha silencieusement aux pas des jumeaux. Chaque jour la distance entre elle et eux s'amenuisait, elle les suivait de loin, puis de près, ils la rencontraient dans leurs endroits les plus inaccessibles, les plus secrets, elle leur tournait autour puis fuyait, semblait libre comme l'air, comme eux, n'était plus à sa fenêtre, réapparaissait brusquement, les dérangeait, les surprenait, et finalement la rencontre décisive eut lieu sur le petit pont de bois. Muette était à quelques mètres derrière eux, les talonnant depuis la sortie de l'école, quand tout à coup Jean Edmond, qui la guettait, se retourna très vivement. Il avait un caillou à la main. Elle s'enfuit. Mais le garçon était bon coureur, plus grand qu'elle, il la rattrapa et ce jour-là la fillette blonde entra dans le cellier par la porte de derrière, caressa les chats, visita les petites assiettes de mort aux rats.

Elle fut la première, fidèle et unique amitié de Marie Libertine.

Les deux filles se mirent à passer de longues heures ensemble, à briser le givre de leurs souliers, à regarder le froid couler du ciel, à suivre le vol des oiseaux, puis le printemps revint à courir les papillons, à tresser leurs cheveux de rubans de couleur, la toute brune et la douce blonde, à humer l'air et à rire parfois, avec parcimonie. Et Muette qui n'entendait pas savait bien que Marie Libertine chantait pour elle les choses mystérieuses dont la brise du vent sur son cou, le miroitement des flaques d'eau, les arc-en-ciel du mois de mai, étaient l'écho.

Jean Edmond se réjouit de cette amitié. Il était lui-même fort occupé. Conscient à la fois de son retard scolaire et de ses capacités inexploitées, il s'était mis aux études avec détermination. L'institutrice entretenait sa bonne volonté en lui confiant de multiples tâches qui en firent son auxiliaire. Elle réussit ainsi à l'éloigner raisonnablement de sa sœur sans qu'ils en souffrissent l'un ni l'autre. Le dimanche et les jeudis il nettoyait la classe, triait les papiers, et surtout s'occupait des commandes de bibliothèque. En une année il avait lu tous les livres à sa disposition, si bien que Sophie, qui était maintenant pensionnaire en ville et dont l'intérêt pour les jumeaux allait croissant, à croire qu'ils fussent les seuls de la famille à être dignes d'elle, se mit à lui ramener selon ses moyens des ouvrages nouveaux et d'une grande diversité. Au printemps il repeignit l'école, tailla la glycine et les rosiers grimpants, répara la balançoire, gagna quelque argent. Mademoiselle Alexandra n'avait jamais eu un élève aussi endurant, ni aussi taciturne. Pendant ce temps Marie Libertine chantonnait sur le muret de la rue en berçant des chatons en compagnie de Muette. Elle ne s'éloignait jamais beaucoup, tant qu'il n'avait pas terminé son travail. Puis ils allaient, tous les trois, chez le papet Mougeot qui leur offrait, selon la saison, un chocolat chaud, une grenadine, un verre de menthe. Le vieil homme était heureux de leur présence.

Ce qui fait, et il y avait certainement là une intention délibérée de la part de l'institutrice, qu'ils passaient de moins en moins de temps à la ferme, courant les bois quand ils n'étaient pas au village.

D'autre part les gens du pays, qui n'avaient pas plus mauvais esprit qu'ailleurs, commençaient à changer d'opinion à leur égard et à suspecter madame Hazera de malignité, mauvaise influence et propagande abusive.

Mademoiselle Alexandra le payant, modestement, de ses travaux et services, Jean Edmond eut, à plusieurs reprises, l'occasion de prendre l'autobus et de se rendre dans ce bourg voisin où Evangel étudiait maintenant, toujours aussi médiocrement, malgré les injonctions, menaces et prières, dont l'accablait la mère. Car il se trouvait là une grande librairie. Et non seulement il y achetait quelques livres qui engloutissaient son maigre pécule, mais aussi en feuilletait un grand nombre. Il en vint ainsi, car il avait l'esprit alerte, à suspecter de quels potentiels mélanges raciaux ils pouvaient être issus, lui et sa sœur, loin des fadaises de la tante Albertine. Mais ne pouvant encore se l'expliquer clairement il évita d'en parler à la jumelle et laissa tomber le problème qui était de faible intérêt puisqu'il avait depuis longtemps décidé de vivre pour lui. Ainsi, croyait-il, peu lui importait le passé.

Puis il y eut ce dimanche de rameaux où le curé entama un long discours maladroit sur les devoirs des parents et le respect de la vie, jusqu'à évoquer *l'innocence de certains enfants qui subissent les retombées de fautes qu'ils n'ont pas commises*, ce qui déplaît à Dieu, et tout à coup il s'empêtra comme s'il pensait à ce qu'il ne fallait pas dire plutôt qu'à ce qu'il avait eu l'intention d'exprimer, le regard obstinément fixé sur le pilier juste à droite de madame Hazera, vers laquelle tous les murmures se tournèrent. Elle ne broncha pas mais le mal était fait et le curé, qui était bon, s'en repentit aussitôt comme d'un acte gratuit, une prise de parole inutile.

Madame Hazera entama dès le lendemain une première dépression nerveuse.

Marie Libertine avait gardé, depuis la maladie de Jean Edmond, la désagréable habitude de rentrer dans de brusques colères, souvent immotivées, dont elle sortait épuisée, les yeux rouges, griffée, échevelée, et pendant lesquelles elle se montrait volontiers grossière. Plus personne n'existait alors autour d'elle. C'était comme une rage intérieure dont elle ne retrouvait pas les mots. Un éclatement d'impuissance. Jean Edmond n'y pouvait rien.

Peut-être aussi ce trait était-il dans son caractère, hérité du tempérament même de la mère, et l'on se souvenait à ces occasions combien elle avait hurlé à sa naissance, ce cri terrible de nouveau né qui avait effrayé Eglantine.

Jean Edmond, au contraire, était toujours égal à lui-même, d'un grand calme intrigant et dangereux. On ne pouvait savoir ce qu'il pensait. Les enfants du village, qui s'en étaient moqués au début, croyant trouver dans « le bâtard » une proie facile et amusante, puis s'étaient mis à le craindre, en vinrent rapidement et par force à le respecter. Enfin il fut considéré comme enviable, parmi les garçons, d'être de ses amis. Mais lui ne cherchait pas l'amitié. Et il se passerait quelques années encore avant que Gentin le Grand et sa bande eussent cet honneur.

*

Mais c'est bientôt l'été. Muette et les jumeaux battent la campagne. On n'entend pas leurs rires étouffés dans les bois, leurs clameurs d'indiens emportées par le vent. Souvent, ils vont jusqu'à la mer. La route est longue. Le grand père leur prête sa cariole et son bardot. C'est une bête au caractère instable, sans grâce, qui répond au nom d'« America » en souvenir de sa fille partie un jour, et qui ne reviendra jamais plus. Jean Edmond tient les rênes. Ils prennent les sentiers de sable, le grand quadrilatère croisé des pare-feu. Les filles s'installent sur le banc de bois. Marie Libertine chante, Muette frappe dans ses mains, sensible à la lumière qui en tache le mouvement. Elle appelle le vent.

Il fait beau, il pleut, les jours passent et revoilà, c'est sûr, à la fin du printemps, la chaleur de l'été.

*

Ce jour-là Marie Libertine traverse le village. Elle a pris la rue longue de l'école, elle tourne à gauche vers la place ; elle marche avec cette candeur désarmante et gracieuse, sans un regard pour ce qui l'entoure ; elle est passée devant l'église dont la façade se lève à l'est. L'air est clair, frais. Une eau douce s'écoule entre les pieds de la jeune fille de pierre au centre de la place.

Au devant d'elle s'est avancée une apparition, vraiment quelqu'un d'étrange et qui la dévisage, ou regarde plus loin et qui ne la voit pas, une vieille dame qu'elle ne connaît pas et qui lui paraît d'ici presque une enfant, tant sa taille est petite et frêle, et de plus vêtue, comme les jeunes filles de jadis, d'une jupe ample et plutôt longue, bleue sur des jupons de dentelle, avec un chaperon de soie finement ouvragé et par dessus un chapeau qui plonge en capeline dans le dos, une vision de carnaval, et cependant ses cheveux sont fins et rares, emplis de frisettes artificielles, et la peau du visage ridée comme une pomme ratatinée du milieu de l'hiver, on dirait une poupée, une vieille et ridicule poupée.

Spectacle risible si cette personne n'était si connue du village que même les garnements s'en écartent. Elle n'est venue depuis si longtemps que son mythe l'a remplacée et de la voir c'est comme si l'on voyait un fantôme.

Ce jour de juin la vieille dame s'est arrêtée pour regarder Marie Libertine passer dans sa robe courte et sur ses jambes maigres d'enfant trop vite grandie. Le soleil miroite. Légère, et, malgré les haillons, gracieuse.

Elle a souri.

La nouvelle fera rapidement le tour des parentés.

Car l'ancienne a souri, son visage s'est déplié, comme effaçant d'un coup les innombrables sillons de rides.

Marie Libertine est passée.

CHAPITRE 7

Le mariage d'Eglantine.
Une portée de petits chats.

Les jumeaux avaient dix ans lorsqu'on maria Eglantine. La jeune fille avait alors vingt-cinq ans passés et l'on n'y croyait plus. Autant le dire, elle commençait à vieillir.

Eglantine avait toujours été d'un naturel paresseux. Pas très intelligente, dolente de surcroît, trop molle pour se battre ou avoir une quelconque idée de son avenir, incapable de se projeter dans le temps autrement que par le biais de rêveries stupides, elle avait quitté l'école à quinze ans, sans diplôme, et s'était mise alors à passer ses journées à lire, le plus souvent enfermée dans sa chambre, des romans-photos parfaitement ineptes et qui la faisaient beaucoup pleurer. On en profita, l'été, pour lui faire garder les vaches. Tout dans sa vie était morne, plat, sans intérêt. Il ne se passait rien. Elle jouissait soigneusement et par procuration livresque, les yeux rougis d'une perpétuelle émotion qu'elle entretenait comme on arrose une plante malade.

Avec l'étrange conception du péché et des choses du sexe qu'avait développée a posteriori sa mère et dont les jumeaux étaient le vivant souvenir, on ne s'étonnera pas si Eglantine se vit très tôt privée des bals du samedi soir et des balades à la mer en compagnie des jeunes gens de son âge. Les autres s'amusaient sans elle. Bientôt, ayant quitté l'école, elle n'eut même plus une amie avec qui partager son ennui platonique. Elle n'avait donc que peu de chances de trouver un mari et resta vierge, sotte, d'un romantisme exagéré, jusqu'à cet âge de vingt-cinq ans. On se souvient pourtant de la jeune fille qui lisait alanguie sur son lit le jour de la naissance des jumeaux, et, de fait, la volupté était en elle. En cela elle tenait bien de sa mère. Mais son corps moite et désirant ignorait les caresses, expiant une faute qu'elle n'avait pas commise.

C'était, par ailleurs, une belle jeune fille, comme on les aime mieux en campagne, avec tout ce qu'il faut pour les plaisirs du lit et la solidité de hanches d'une future mère. Il fallait bien qu'un jour elle s'ouvrît à la vie, et le destin fort heureusement lui en fournit l'occasion.

Une nouvelle honte guettait la famille.

Cet été-là avait été particulièrement chaud. La forêt avait pris feu non loin de la ferme, sans que l'on pût pour autant affirmer la responsabilité des jumeaux, et l'on avait craint pour la maison, protégée, « grâce à Dieu », par ses treize cent mètres carrés d'airial. Il avait fallu appeler les pompiers.

Or il arriva, ce qui n'a rien à voir avec l'incendie, qui cependant fut très beau et réjouit beaucoup les petits, Evangel compris, que trois étrangers vinrent à camper dans le pré des voisins. Eglantine, comme chaque été, gardait les vaches. Elle ne voulut jamais dire, malgré les injonctions maternelles, menaces et cajoleries n'y firent rien, lequel des trois, et peut-être les trois, la conquit, ou alors garda-t-elle, pour les années à venir, ce secret pitoyable en elle. Toujours est-il qu'à la fin de l'été, les vacances terminées, les touristes partis, elle se trouva enceinte. Son bébé à elle serait blond. C'étaient en effet des étrangers du Nord, des Suédois, disait-elle avec dans la voix un ton de fierté puérile.

La mère en profita pour déverser sur sa fille aînée tout le mépris qui la rongeait. Pendant trois jours la pauvre Eglantine ne fut qu'une putain, une traînée, une dévergondée, une propre à rien, une idiote. C'était mieux qu'un roman-photo, elle n'avait jamais autant pleuré, et put se tordre de douleur sur son lit, car elle aimait passionnément sa mère et souffrit beaucoup, avec délice. Elle était enfin sa propre héroïne.

Puis madame Hazera para au plus pressé et se dépêcha de trouver un mari, blond par nécessité, qui pût endosser sans scandale cette paternité déjà si imprécise. Les géniteurs présumés n'avaient pas laissé leur adresse. On en débusqua un, châtain clair, sot et bon enfant, un fils Pelletiers, du côté paternel et de la première épouse. C'était mieux que rien. Il fallait faire vite. Eglantine avait déjà des nausées, maigrissait, pâlissait, se pâmait. Néanmoins elle dût tous les jours rendre visite aux demoiselles Pelletiers et finit par attirer les regards de leur frère par alliance, celui qui ressemblait le plus, avec beaucoup d'imagination, à un Alsacien.

Afin d'éviter les soupçons comptables de cet inespéré couillon et de sa famille, la mère, redevenue cajolante, incita sa fille, puisque aussi bien c'était chose faite, à coucher avant le mariage. A cet effet ils partirent tous un dimanche à la mer, monsieur et madame Hazera, Evangel, Sophie, et même les jumeaux dont on craignait la maligne indiscrétion, laissant « les amoureux faire connaissance ». Amédée, n'étant pas porté sur la chose, n'y comprit rien mais se laissa faire. Sa vie conjugale s'en trouverait d'ailleurs très heureuse car Eglantine s'était découvert sur le tard et dans le pré voisin une véritable boulimie de sexe qui n'avait plus rien à voir avec ses humides rêveries d'adolescente. Ce fut donc, malgré l'indispensable précipitation, une chance pour chacun d'eux; et si l'on pense que, sans cet incident, Eglantine fût restée fille, on ne peut que remercier la chaleur de cet été-là.

Amédée n'avait pas de métier et se trouva embauché dans l'exploitation familiale. Châtain, le corps lourd, il n'était ni laid ni beau. Les époux logeraient dans la chambre d'Eglantine en attendant qu'une nouvelle maison fût construite pour eux dans l'airial.

Ce fut une belle noce. Madame Hazera était radieuse. Bien entendu, au su des antécédents familiaux, et peut-être par simple méfiance, on jasa un peu. Mais la famille Pelletiers, qui comptait treize enfants, fut bien heureuse d'en caser un à si bon compte et madame Hazera fit taire les jaloux en invitant grand monde. Il lui fallait un beau mariage. Eglantine eut sa robe blanche, et le voile de dentelles traîna sa poussière d'encens jusque sur le parvis de la petite église romane.

La mère chuchota, par précaution, à quelques voisines, d'un sourire indulgent, que « les petits -ah! jeunesse...- avaient mis la charrue avant les bœufs », expression consacrée en ce genre de circonstance, sûre ainsi qu'avant midi et la sortie de messe tout le monde serait au courant. Comment alors, le jour même du mariage, après un tel aveu, soupçonner que ce pauvre Amédée, contre lequel Eglantine pressait amoureusement son gros corps, était déjà, irrémédiablement, et si vilainement, cocu? Ce tout petit scandale chassait le gros. Monsieur le curé, qui était tolérant et natif du village, bénit donc les deux jeunes gens, Amédée rougissant, fier d'avoir, en une seule journée dont le souvenir le repaissait, prouvé sa virilité.

Evangel, tout vêtu de rose, reçut une gifle magistrale pour avoir fait pipi dans sa culotte pendant la cérémonie ; ce fut le seul incident de la matinée, à part qu'Eglantine, par conformisme, se mit à pleurer dans les bras de monsieur le maire, fort gêné, venu la féliciter à la sortie de messe.

Les hommes burent le pastis au village, il y eut les photos traditionnelles devant la fontaine de la Vierge, puis l'on se rendit en cortège jusqu'à la ferme du Bout. C'était très beau. Il y avait des fleurs blanches partout, du vin sur les tables, du champagne au frais. Madame Hazera avait revêtu une robe glissante qui rappelait ses splendeurs passées, d'un vert lumineux, et relevé ses cheveux. Son mari, ému sans doute, tenta une main aux fesses. Il reçut en échange, comme Evangel, un soufflet bien senti. Cela jeta un froid, heureusement vite passé, car on était à la fin du repas et tout le monde était fort gai.

Car en effet on but beaucoup, et même monsieur le curé, d'un petit vin blanc qui n'était pas de messe mais néanmoins de pays, et le maire fit rire tout le monde en urinant, au dessert, dans la fosse où l'on avait fait cuire les agneaux de lait, « pour calmer les braises », dit-il d'une voix satisfaite. On se demanda bien desquelles il parlait, car le foyer était alors presque éteint, ses joues très rouges, la bedaine à craquer, et justement sa voisine de table n'était autre que la petite institutrice.

Les jumeaux s'isolèrent raisonnablement de la fête. Tout le monde avait remarqué leur absence à l'église. Mais ils saluèrent à peine mademoiselle Alexandra, et la présence de certains de leurs co-écoliers les poussa à une distance hautaine. Ici n'était pas l'école. Au repas de midi ils s'installèrent sous le poirier devant la maison, se firent une table avec des caisses d'oranges, mangèrent avec leurs doigts. Jean Edmond avait caché une bouteille sous la robe de sa sœur. Il en profitait pour lui passer la main dans la culotte, où l'odeur est forte et bonne, et ils riaient à se tordre l'âme de plaisanteries qui n'appartenaient qu'à eux.

A la fin du déjeuner certains convives, qui s'étaient déchaussés, eurent la surprise de ne pas retrouver sous leurs pieds les étroits souliers de fête. Nombreux furent ceux qui accusèrent, après suggestion maternelle, les jumeaux. Ils avaient disparu dans les bois mais, pas si loin, guettaient de derrière un taillis. Sophie, qui les vit, n'en dit rien.

On s'égailla. On fouilla la maison, le jardin, la grange, le poulailler, et l'étable où l'on retrouva les chaussures d'Amédée lui-même suspendues aux cornes du taureau. Mais on ne voulut pas, en ce jour de fête, y voir d'allusion déplacée. Une simple plaisanterie. Seule Eglantine manifesta quelque émotion et prit une cigarette, la première de sa vie, dans le paquet du cousin Georges, qu'elle alluma comme on éteint un feu, à grand jet.

On chercha longtemps. On rit beaucoup. On s'interpella, on marcha pieds nus, ou seulement un seul, certains ne retrouvèrent pas leurs précieux escarpins de cérémonie, d'autres ne réussirent pas à faire la paire, mais de toute façon les chaussures fines cela ne sert à rien par ici, cela blesse les orteils, on a à peine l'occasion de les mettre une fois qu'elles sont déjà démodées, on marcha, on courut, on visita la maison, on monta au foin, on dérangea les poules, les lapins, on se croisa, on leva les bras au ciel, on plongea les yeux dans les corsages des femmes, ou même dans les croupes qui ne sentaient pas la lavande, il faisait chaud, on rampa sous les lits, et finalement cela fit bien digérer car le repas avait été long, copieux, et surtout abondamment arrosé.

Sophie, qui avait seize ans, connut ce jour-là sa première expérience sexuelle, dans la forêt, car il y avait du monde dans la grange, et à répétition car le jeune homme, qui avait vingt ans et encore des boutons, lui fit l'amour six fois. Cependant la jeune fille trouva que, pour les deux dernières, ce n'était pas bien brillant, et pria le boutonneux de s'abstenir, dorénavant.

On termina l'après midi par une pétanque et la journée par un repas froid et un bal dans l'airial. La soirée était doucement tiède avec une brise de sud-ouest et les bras découverts.

Il y eut bien une bagarre, mais sans conséquence. Cela arriva quand un des fils Pelletiers, cadet d'Amédée, qui avait amené sa fiancée, une fille de la ville, ne supporta pas de la voir danser « à la colle » avec le fils de l'épicier, qui était il est vrai joli garçon. Enfin ce fut une bagarre pour rire, parce qu'on était à court de distractions, et que l'on repassait les mêmes disques depuis trois heures. On compta les points, on ouvrit les paris, il y eut du sang, les filles riaient, ou s'horrifiaient, admiraient, appréciaient, commentaient, les pères encourageaient, les vieux hochaient la tête, la fiancée pleurait, elle se sentait responsable, et finalement c'est le fils de l'épicier qui se retrouva par terre, il y a une morale, l'arcade sourcilière ouverte et deux dents en moins, et la jeune fille, qui était élève infirmière de première année, le soigna.

Après cela il était minuit et il restait aux époux à se retirer, ce qu'ils firent poliment, avec le manque de discrétion d'usage.

On se préparait à remplir le pot de chambre en émail fleuri qu'avait offert, émue, une vieille amie de la famille. On essuyait de temps à autre une larme sur le temps qui passe. L'heure était à la nostalgie. La soirée se terminait dans les confidences prudentes et les chuchotements des femmes. La soupe à l'oignon bouillottait sur la gazinière. Dans la salle à manger, s'abritant de la fraîcheur de la nuit, s'étaient réunis les ancêtres et les petits enfants, les premiers bavardant en regardant le feu de cheminée, les seconds le plus souvent endormis. Sur le pas de porte, que l'on appelait communément « la terrasse », les hommes discutaient. Une partie de pétanque avait repris. On entendait encore résonner dans l'airial les rires des jeunes gens. Ç'avait été une belle fête et l'on attendrait encore un petit moment avant de porter la soupe aux époux. Aucun bruit ne sortait de la chambre nuptiale.

Certains iraient finir nuit blanche ailleurs. Les infatigables, ou trop saouls pour dormir. Mais la plupart allaient se retirer. Madame Hazera se sentait paisible. Elle disait justement à madame Pelletiers que « vraiment c'était une bien jolie journée, et du bonheur pour le cœur d'une mère, n'est-ce pas, et vous m'avez bien dit que le petit avait des problèmes de santé?, ah! les enfants... »

Les conversations en étaient à ce point passionnant lorsque retentit de la chambre d'Eglantine un hurlement, un de ces cris stupides comme seule la jeune fille, à présent espérait-on jeune femme, pouvait en pousser. On hésita quelques instants durant lesquels le silence se fit, car enfin Amédée était peut-être un sur-homme, une de ces raretés viriles qui vont jusqu'à porter souffrance, le doute était permis et les plus vieux sourirent d'un air énigmatique. Mais c'est le marié lui-même qui ouvrit la porte aux invités, l'œil hagard, et libéra le passage afin qu'ils pussent pénétrer dans la pièce. Comme il était nu, sans conscience de l'être, on put l'observer à loisir, et l'on ne vit aucune trace apparente d'une virilité exceptionnelle.

Eglantine, tapie dans un coin, hurlait toujours. On ne savait pas pourquoi. C'était irritant.

Amédée désigna le lit et tout d'abord on ne vit rien de net. Sur le drap blanc, une viscosité rosâtre s'étalait. On s'approcha. L'instant suivant, l'incompréhension régnait. C'était, les yeux cousus de fil, recroquevillé, sans poils, tout lisse, un chaton avorté, un fœtus rose pâle. Eglantine avait posé ses fesses en plein dedans et taché sa chemise d'épouse. Mais le plus hideux, c'était bien ces paupières brodées serré qui ressemblaient à des boutonnières et sentaient à plein le maléfice. Les cris de la mariée furent effroyables, et puis, heureusement, elle finit par faire une vraie crise de nerfs, pleura beaucoup, ce qui la fatigua, et l'on put la recoucher.

Amédée resta à fumer dans le salon. Il n'était évidemment plus question de consommer quelque acte que ce fût dans l'état où était sa femme.

La mère raconta plus tard, à l'occasion d'une réunion féminine, que « à coup sûr la petite aurait pu devenir folle ». En fait de folie elle se contenta, dès le lendemain, de faire une fausse couche, ce qui, si près des noces, n'est pas particulièrement bienheureux, et priva son époux des justes joies de la période de miel. Elle pleura, pleura, pleura, et le pauvre Amédée ne savait quoi faire, il eut beau lui promettre un autre bébé, et cinq, et dix, si elle voulait, il était à ses pieds, elle était son monde, sa sphère, son soleil, elle pleurait toujours et heureusement il ne comprit jamais pourquoi. C'est qu'elle regrettait amèrement son enfant vraiment blond de graine suédoise, conçu à la mode des romans-photos, et qu'elle en avait un dépit frisant le désespoir, comme un enfant veut un bonbon à la fraise et pas à la framboise et peut, réellement, s'en rendre malheureux.

Les jumeaux reçurent l'ordre d'aller vivre un peu plus loin. La mère, pour plus de précision, jeta leurs affaires sur la terrasse et se soucia peu d'éviter Amédée qui, assis sur le pas de la porte, buvait son café. Il reçut le baluchon en pleine figure. Le café lui atterrit dans l'œil. Cette famille était bizarre. On était en octobre.

Les jumeaux échouèrent dans la grange.

DEUXIÈME PARTIE

Le temps de la grange

Il n'appartient qu'à Dieu d'être seul.

CHAPITRE 8

Une cheminée pour l'hiver.
La chute du Christ.

Ils s'engagèrent dans le sentier de terre et de sable qui devait les faire aboutir à la ferme. C'était un chemin comme on en rencontre des centaines par ici, avec une bande d'herbe maigrichonne au milieu, de la bruyère, de la lavande, bordé de pins et de fougères, et la double trace nette et parallèle des passages de voiture. Il était long, depuis le dernier embranchement, de plus d'un kilomètre. Mais à mi-route ils prirent la lisière du bois, disparurent dans les buissons et se faufilèrent jusqu'à la grange. Ils passeraient ainsi, inaperçus, le plus loin possible de la maison. Seules leurs ombres furtives, fugitives et les fourrés frissonnant comme sous une brise ou la caresse d'un animal. Jean Edmond fuyait en tête, le corps plié, suivi des filles, Muette faisant tache bleue sur le fond vert, Marie Libertine ses espadrilles à la main, les pieds nus bien à plat sur le tapis d'aiguilles.

Les premiers temps, quand ils n'avaient que dix ans, après cette horrible farce du chaton aux yeux cousus, la grange leur avait paru un endroit sinistre, perdu et froid, ultime exil, habitués qu'ils étaient à l'étroitesse du cellier qui avait fait le monde de leur petite enfance.

C'était un vieux bâtiment de bois qui remontait à l'arrière-grand-père Hazera, et donc au siècle dernier, une construction gigantesque, délabrée, dont seulement le côté réservé au bétail restait entretenu, avec des fissures glaciales en hiver, une bonne aération estivale, mais on était à l'automne et sur le toit des gouttières grosses comme des œufs d'autruche.

La grande porte, haute pour laisser le passage aux charrettes chargées de foin, dédoublée d'une plus basse à taille d'homme, donnait sur l'ouest, tournant le dos à la maison, face au vent et à la pluie, et c'est sans doute ce vice évident de conception et de construction qui avait déterminé depuis de nombreuses années l'abandon de cette partie du bâtiment.

Pour tous meubles ils n'amenèrent que ce qu'ils possédaient, la paillasse, une chaise trouée, deux assiettes, une bassine, le sel et le sucre, quelques vêtements, quelques livres, et la panière des chats suivit le court et lamentable exode sous l'œil ahuri d'Amédée.

La mère leur fit porter par Sophie un réchaud à gaz, une casserole, un broc, un pichet d'eau. Il y avait une pompe au coin de la grange. Ainsi il fut clairement entendu que les jumeaux ne mettraient plus un seul pied dans la maison.

Sous le plancher mité, au milieu des bottes de foin, on entendait courir, gratter, couiner, et se battre parfois, les rats. Tout près de la cloison il y avait l'odeur chaude des vaches, les meuglements rassurants de leurs vieilles amies. Et au printemps les poutres empoussiérées servaient d'abri aux hirondelles.

C'est à la sortie du premier hiver que Marie Libertine fit ce qu'il est convenu d'appeler une dépression. La morte saison avait paru longue, la grange était obscure et glacée, il avait même neigé, le soir de Noël, comme pour accentuer la nostalgie et la dérive, le froid, l'affaiblissement de leurs forces morales, la cruelle déréliction. Le tapis blanc sur les Landes avait eu ce jour-là une douceur insoutenable.

Les oiseaux migrateurs revinrent, les hirondelles qui, dit-on, ne font pas le printemps mais l'annoncent tout de même, inévitable avec ses premiers beaux soleils, ses incursions brusques de froid, les longues pluies, douces, tristes, exaspérantes. Et la flaque des jours qui se termine dans de pâles et lumineuses aurores. Cela passa au début inaperçu. Jean Edmond était habitué de ses silences. Lui-même se sentait lourd. Il ne s'inquiéta vraiment que lorsqu'il la vit pleurer sans raison. Il s'avisa alors qu'elle n'avait plus de colères. Elle se levait, la nuit, tournait dans la grange, ramassant des petits tas de poussière ou grattant les fientes d'oiseau. A la levée du jour l'amertume coulait sur ses joues comme consternée face au réveil du monde. L'été venu la trouva immobile, sidérée, assise tout le jour sur une pierre à l'entrée de la grange, face à l'ouest, à sucer des cailloux, des cagouilles, avec un souci sur le front, il n'y avait plus d'école, les jours étaient comme de longs fleuves sans courant, la bouche amère, les yeux noirs sans réponse, la pensée muette et le corps impossible.

Il y avait de ces moments où elle recueillait obstinément les larmes dans le creux de sa main ouverte, puis après les léchait, les buvait, s'en tartinait le visage. Il lui arrivait, alors, d'en rire, mais d'une telle expression qui lui tordait et déformait les traits, que Jean Edmond supportait moins que tout ce rictus infâme.

Marie Libertine ne chantait plus, ne parlait plus, mangeait à peine, ne rêvait plus qu'en gris, noir, violet, tout éveillée.

Mademoiselle Alexandra n'y pouvait rien. Ni Muette, qui venait souvent la voir et n'était évidemment pas d'une grande conversation. Le père venait aussi. Il s'asseyait à côté de sa fille. Ils ne parlaient pas, ou alors l'homme délirait. Elle le laissait soliloquer. Il avait des mots de fou, des pensées indistinctes. Elle l'écoutait. Elle était portée par ces mots insensés.

Jean Edmond n'était pas souvent là. L'école terminée, il avait rapidement trouvé à gagner quelque argent au village, dans les fermes, s'employant à tout. Là on se mit à le respecter, malgré son jeune âge, eu égard à sa vaillance, à cette extraordinaire endurance au travail, et bien qu'il inquiétât, car il se passait toujours, à le fréquenter, maints événements en apparence inexplicables, bons ou mauvais, et que l'on mettait souvent sur le compte obscur des pouvoirs étranges attribués parfois aux bâtards.

C'était un garçon solide, bien que toujours aussi fin, pas très grand, au teint paradoxalement pâle sous des cheveux d'un noir de corbeau, courageux, déterminé, le nez courbé d'un manouche, et toujours ces yeux pailletés virant au vert perçant du félin des jungles.

« Un mal-jovent », disait la mère.

Cet été-là, pour juillet, la maison d'Eglantine fut terminée. C'était une coquette construction, moderne, avec trois vraies chambres et une fenêtre pour chaque, peinte en blanc, excentrée dans l'airial près de l'orée ouest du bois, vers le village, à l'embouchure du chemin de sable dans les pins.

Dès l'entrée, classique et banale, plutôt sotte, entre une Vierge de Lourdes et une de ces figurines aux couleurs changeantes et sensées de même annoncer les variations du temps, bleu sale, rose absurde ou gris, il pleut!, on pouvait voir, en exposition au cœur d'une niche, un bocal empli de formol où nageait le fœtus de l'enfant blond.

Comme promis par Amédée, la jeune femme se trouvait

de nouveau enceinte. Elle s'était mise à fumer le cigare et sa maison, sans cesse aérée, à cause de l'odeur, était d'une propreté accablante.

Le mois suivant, elle était à terme. Août, chaleur sèche, couleur des bruyères, les insectes courant dans les aiguilles de pin, la stridulation des grillons dans les aurores rouges, les nuits claires d'étoiles, ces jours où les chats se prélassent au soleil et dorment vingt-quatre heures, et s'étirent en montrant l'intérieur noir et rose, doux, de leur gueule. Le mois de Marie, ça tombait bien... On espérait la naissance pour le quinze.

*

Ce jour-là, justement, le jour de la cheminée, il avait fait très chaud. Les jumeaux s'en souviennent. C'était un vingt-deux août. Eglantine n'avait toujours pas accouché. L'orage menaçait. Le matin le ciel avait été blanc, d'une touffeur intense qui plombait la terre, puis la température n'avait fait que monter. Rien ne bougeait dans l'air. Le silence du vent était comme une menace. Le soleil ne se leva pas. Jean Edmond partit travailler au village. Il devait repeindre la devanture de magasin de la mère Baudru. C'était un dimanche.

Le père arriva pour midi avec une bouteille d'anis. Marie Libertine posa à peine les yeux sur lui. Il se mit à boire le liquide, pur, en mâchouillant une feuille de menthe, et l'alcool lui redonnant cette énergie éphémère de l'ivresse retrouvée, l'idée lui vint, bien que l'on fût en été, de construire une cheminée aux jumeaux pour le prochain hiver.

Il monta sur le toit. Il y passa l'après-midi, sua, s'entêta.

On l'entendit chanter fort dans l'airial, et sa voix pâteuse était empreinte d'une sorte de joie, un lyrisme pathétique qui soulevait le cœur de Marie Libertine, tous les airs à la mode tonitruant dans l'air épais, et les vieilles chansons d'autrefois, dans le ciel lourd qui devenait gris, qui devint anthracite, puis noir, dans la chaleur de sable balayée d'aiguilles de pins, et par instants une brusque brise qui s'engouffrait, qui soulevait la poussière et faisait taire les insectes, puissante, dominatrice. Elle reviendrait.

Le premier éclat de tonnerre déchirait le silence quand, dans la soirée, Jean Edmond reparut.

Le père était en haut à terminer une rangée de briques. Il y mettait la lente et scrupuleuse patience de l'alcoolique. Il fallait que le travail fût parfait. Il avait cessé de chanter, la forêt se taisait, le vent s'était comme affalé sur la terre, un temps mort, et Marie Libertine s'en souviendrait toujours, de ce silence dans le premier tonnerre.

Quand il aperçut le garçon il fit : « Hé ! Ho ! Hé ! Ho ! » et se mit à agiter les bras. Ils le virent vaciller. Déséquilibré, c'est à ce moment, idiot, splendide, de joie, qu'il tomba du toit. Sa dernière image fut sans doute celle de *son* fils tournoyant dans l'airial, et le ciel qui se renversait. Le corps en vrille dans la chaleur, il s'écrasa aux pieds de Marie Libertine.

La grange était haute.

Il n'y eut pas un cri. Jean Edmond s'était mis à courir et fut là en quelques secondes. Il était mort.

Des chats, qui dormaient, s'en furent, hérissés de colère. Un éclair jaillit et la pluie se mit à tomber. Il fallut cependant attendre plusieurs heures avant qu'il fît plus frais.

Il était à peine abîmé. Seul le corps avait pris l'aspect d'un pantin grotesque et désarticulé. Quant à son visage, intact, il pâlissait, perdait la teinture violacée du vin dont il avait abusé au point d'en prendre la couleur, et qui se fondait maintenant au gris de la mort. Il portait encore le sourire qu'il adressait à Jean Edmond en agitant les bras quelques minutes plus tôt, ce sourire basculé vers la terre et qui avait pris les contours d'une vieille grimace, comme une excuse entre parenthèses, le sourire d'un homme qui n'avait rien osé et regrettait peut-être ; s'il osait...

C'était fini. La mère accourait. Une dernière fois, ils le regardèrent. Ils ne le reverraient plus. Madame Hazera, aidée d'Amédée, le transporta dans la maison. Elle essaya de lui enlever son drôle de sourire, mais elle ne le put.

On exposa le corps deux jours dans la ferme. Eglantine se retenait d'accoucher. Ce fut le défilé des vieux amis, des voisins, des connaissances, de la famille en deuil ou en faux deuil. Au moment où l'on ferma définitivement le cercueil, la mère pleura enfin. Regrettait-elle ? Se souvenait-elle ce jour-là de l'homme aux yeux très bleus qu'elle avait épousé, de ce Landais trop doux dont elle avait eu au moins trois enfants ?

Eglantine avait les yeux écarlates.

*

A l'occasion de l'enterrement, les jumeaux pénétrèrent pour la première fois dans l'église du village, qui était d'architecture romane et remontait au douzième siècle, petite, fraîche, avec des vitraux colorés, des murs épais, des bancs de bois et un ciel voûté bleu indigo dans lequel s'envolaient, éphémères et graciles, sans surcharge, des anges d'or et des colombes au milieu des étoiles. Ils avaient mis des chaussures et arrivèrent avant tout le monde. Il leur fallait s'habituer au lieu. Prendre possession. Le curé en était encore à beurrer ses tartines et la levée du corps qui ferait pleurer madame Hazera n'était pas faite, qu'ils caressaient déjà de leurs mains la blancheur des piliers.

Pour le reste, malgré la déférence des souliers, Marie Libertine était toujours aussi sale. Dans son visage brun les yeux étaient fendus, brûlants sous une masse de cheveux désordonnés et crépus qu'elle ne peignait jamais, infestés de poux, le regard sombre sous d'épais sourcils, et dans ses jupes trop courtes les jambes étaient grêles, pitoyables, on aurait dit un grillon disgracieux, un poulain trop vite grandi.

Elle était intimidée, c'est sûr. L'endroit avait une fraîcheur de paix. Marie Libertine avait rêvé un jour d'être un anachorète, un ermite, au féminin. Elle avait de ces désirs mystiques. Pendant que le jumeau furetait partout, trempait ses doigts dans le bénitier, touchait les statues, les autels de bois, la Vierge bleue dans son icône, les tableaux fanés, peints sur la pierre, du chemin de croix, et dévissait le Christ de derrière le Grand Autel, elle était debout, immobile dans l'allée, prise dans le circuit savant des arcanes et des voûtes, dans l'harmonie des chiffres et la douceur céleste des couleurs, et là se prit à penser au mystère de la vie, qui ne va pas sans celui de la mort, et c'était de circonstance, sentiment qu'elle revivrait, pur, intact, magique, et muet chaque fois que, plus tard, elle allumerait le feu dans cette cheminée pour laquelle était mort, pour elle, et ses yeux sombres où dansent les flammes, ce père qu'elle n'a jamais songé à mépriser.

Puis on vint préparer le service, la bonne époussetait les fleurs séchées, le cortège arriva et l'église perdit sa magie.

*

Madame Hazera marchait en grand deuil au côté d'Evangel qui portait cérémonieusement une couronne d'immortelles. Il souriait bêtement, ce qui énervait sa mère. On n'était pas sûr qu'il avait bien compris. Son costume gris qui le vieillissait révélait une spectaculaire ressemblance avec le défunt.

Eglantine ne se déplaça pas. Il n'était plus question pour elle de retenir l'accouchement.

La comtesse en dentelle, cette vieille dame anachronique, était là. Marie Libertine fut heureuse de sa présence comme de celle d'une vieille connaissance, et Jean Edmond la vit sourire. Ils étaient debout dans un coin sombre, près d'un tabernacle de bois. Et tout le village fut là pour assister à l'événement, car la comtesse ne sortait pas souvent de son château, et les jumeaux n'y étaient jamais entrés. Et l'on y vint davantage comme au spectacle que par respect et dernier hommage au père Hazera.

Personne ne fut déçu, du spectacle il y en eut. Car c'est au moment du sermon sur l'éternité, quand Dieu devient terrible, que le Christ, un beau Christ en bois qui sentait la souffrance et la paix, se détacha du mur et chuta sur l'autel. Le curé, assommé, car la pièce était lourde, perdit quelque temps ses esprits. Il y eut des cris, on fit sortir les enfants, le mort, qui gênait, et les vieux, qui gênaient aussi. Les yeux de Jean Edmond lançaient des éclairs verts, du moins le dit-on, et cet exploit lui valut un fou rire inconvenant de Sophie, qui ne savait où se cacher, les premières avances de Jean Bart, qui était enfant de cœur, et de Gentin le Grand, qui avait enlevé ses chaussettes et se curait les doigts de pied.

Eglantine, pendant ce temps, avait accouché d'une petite fille, que l'on prénomma Amandine-Résurrection en souvenir de l'autre qui, cependant, était un garçon.

Septembre arriva.

CHAPITRE 9

La grande et la petite fugue.
Le déshonneur de madame Hazera.

C'est un joli mois. La période des orages, lourds et quasi quotidiens, de la fin août, se termine. Les nuits se font plus longues, encore douces, mais avec de brusques fraîcheurs de l'aube. L'odeur des champignons lève des bois, envahit les matins de rosée. Puis les jours sont secs et lumineux. L'air est léger, il atteint la plus belle des transparences. La nature encore verte respire la fragilité des derniers beaux jours.

On aimerait encore, ainsi que le font les insectes, s'attarder, réchauffer une dernière fois son corps avant l'automne, glisser dans les chemins envahis de bruyère, butiner avec les abeilles aux ronciers croulant de mûres, respirer l'odeur sauvage des églantiers en fleur, s'envoler comme les hirondelles dans l'éther allégé, partir vers le sud, fuir.

Plus rien de tout cela pour nos jumeaux. Jean Edmond venait d'avoir onze ans. C'était le meilleur élève de la classe, c'est à dire de l'école, qui n'en contenait qu'une, de classe.

Il dut partir au lycée.

La plus grande ville, rien à voir avec le bourg où étudiait Evangel, étant à cent vingt kilomètres de là, loin de la mer et des forêts, vers la plaine fertile peuplée d'usines de béton et de vignes opulentes, l'entrée de Jean Edmond dans le cursus de l'enseignement secondaire signifiait la pension, l'éloignement, et les tristes retours de fin de semaine. L'argent gagné pendant l'été lui suffit à peine à se constituer un trousseau décent. Sophie, qui venait d'avoir son baccalauréat, lui fit visiter la cité. C'était trop grand. Il y avait des voitures partout et l'air puait. Les maisons, hautes et noires, les rues, étroites et sombres, aspiraient le soleil. Et, pire, les grandes et nouvelles avenues où l'humain se perdait, suffocant d'impuissance devant la démesure, brûlaient sans ombre leur asphalte cruel et surchauffé. Personne pour le connaître. Il était mal habillé. Il s'y sentait petit. Il eut le sentiment d'y perdre ses pouvoirs.

Marie Libertine redoublait. Ou plutôt Jean Edmond sautait une classe. Ce qui, pour eux, revenait au même. Surtout pour lui. Car elle, se contentait, malgré l'été finissant, de passer ses journées à surveiller d'un œil oblique les flammes dansant dans la cheminée. On eût dit une folle. Elle était sale. Il arrivait fréquemment que son frère dût la faire manger, glisser entre ses lèvres serrées les cuillerées de nourriture. La seule alimentation qui semblait ne pas la rebuter, provoquer ces intolérables spasmes de dégoût qui effrayaient Jean Edmond — il avait toujours à l'esprit la vitale nécessité de ne pas la perdre, de ne jamais la perdre —, c'était le pain. Elle le mâchait de longues heures, puis finalement le recrachait. Dans les flammes de la cheminée elle revoyait toujours le corps disloqué du père Hazera, et dans ses mains le sang groseillé de Mataba n'en finissait plus de couler, de suinter, de s'échapper en remords hallucinés.

Le chaton rescapé du cellier, celui de la maladie, et sa mère, qui vieillissait, avaient engendré une nombreuse descendance nettement incestueuse qui augmentait et se ramifiait à chaque demi-saison. Les félins avaient envahi la grange. Les ponctions sacrificielles assurées par les jumeaux ne les avaient pas décimés, loin de là. Tels ces anciens gardiens des temples du Siam, ils veillaient, des yeux verts, des yeux jaunes, des yeux dorés. Ils l'entouraient. Mais la petite princesse arabe, dans ses tapis de fourrure vivante, avait bien mauvaise mine.

Elle sentait la crasse, l'urine, la blessure de chat et la suie suffocante.

Le premier matin de septembre où son frère partit, elle ne sembla pas réagir et lui, en eut le cœur qui criait. Il ne la comprenait plus. Il cherchait, en vain, comme un paradis perdu, à la faire revenir vers leur ancienne complicité. Cela faisait maintenant six mois que son état ne leur permettait plus les joies d'autrefois. Jean Edmond en avait assez. Il se sentait fatigué.

La veille, il l'avait emmenée une dernière fois vers la mer. Il avait posé sur ses genoux un panier de mûres, qu'elle n'avait pas touché. Lui se rappelait ce jour de leur enfance où ils avaient gagné l'océan, à pied, c'était loin, le baluchon sur l'épaule, la descente sauvage de la dernière dune, les rires, les petits corps rougis de soleil, la nuit dans le silence crissant des pins, la peur, sa confiance. Le temps avait passé, Marie Libertine ne semblait plus avoir de mémoire. Elle laissait le vent courir dans ses cheveux en fixant obstinément le lointain de la crête des vagues, elle voyait des chevaux de feu galoper sur une forêt de mirages, elle ne pensait pas réellement, elle voyait des choses que les autres ne pouvaient pas même imaginer. Muette s'était assise à côté d'elle. Elle écoutait l'oppression du silence. Et, puisque son amie ne se baignait pas, elle ne bougea pas non plus.

Jean Edmond s'amusa seul, tristement, dans la mer qui

perdait tout aspect ludique pour ne garder que la nostalgie, la trace de son absence. « Goûte, dit-il à Marie Libertine en sortant de l'eau, goûte, c'est bon », dit-il en lui tendant ses mains à boire, et elle s'était mise à sucer les gouttes sur la peau, sans que la saveur salée parût la réveiller de son long cauchemar.

Quand il vit que Muette pleurait, il ne put rien faire pour la consoler. Voilà qu'il se retrouvait avec deux filles malheureuses! Trop, il l'était trop lui-même. L'été se finissait, l'enfance s'achevait, aucun espoir ne se lisait dans la transparence du ciel, et il semblait que le retour monstrueux des vagues par marée d'équinoxe allait les engloutir.

Ils rentrèrent.

*

Jean Edmond partit le lundi. Le temps avait paru long, inexorable. Il prit l'autobus, malade d'inquiétude, ne parla à personne, passa pour un arriéré auprès de ses nouveaux condisciples, n'écouta rien. Dès le mercredi, il s'échappait. En trois heures il était à la grange.

*

Elle n'avait pas bougé. La petite silhouette noiraude était tassée devant la cheminée au milieu des animaux.

Mais quand elle leva les yeux sur lui, quand il vit son regard éperdu et brûlant, il sut, enfin, qu'elle avait souffert.

Il la prit dans ses bras et c'était comme s'il retrouvait le monde entier.

Quelques jours plus tard le garde-forestier, un bel homme grand et fort, que l'on appelait « Forest » dans le pays du fait de sa profession, bien que ce ne fût pas là son véritable patronyme, les découvrait à demi morts dans un fossé. Ils étaient couverts de boue, le visage boursouflé de piqûres d'insectes, à moitié ensevelis sous un magma de feuilles pourries. Ce qui attira l'homme, car on distinguait à peine les corps dans ce cloaque nauséabond, ce fut le regard fixe et luisant de Marie Libertine émergeant de la boue, tant ses yeux étaient à ce point immobiles, surréalistes, plantés là, vivants, dans un point précis, quoique sans importance aucune, du ciel. On eût dit deux libellules dorées engluées dans la vase.

Ce fut la première fugue, la cruelle.

L'homme les connaissait. Il déterra les enfants de leur trou et hissa la fillette sur le demi-sang que lui fournissait la commune pour les chemins non carrossables. Tenant les rênes, il sifflotait. Il avait enveloppé Marie Libertine, couchée en travers de la selle, dans une couverture de laine. Jean Edmond, malgré sa faiblesse, avait tenu à marcher. Sans qu'il en parût rien, il observait le cheval et laissa sa main posée sur le flanc. Le contact de l'animal le fascinait. Mais il en voulait à l'homme. Il avait de toujours ce caractère fier qui l'inclinait à repousser toute aide extérieure. Il n'aimait pas être assujetti. Il en garderait, vis-à-vis de Forest, une secrète rancune. On lui volait sa sœur, leur désespoir, la mort. Cela était à eux. Davantage peut-être que tout ce qu'ils avaient vécu ensemble, depuis ce début de leur venue au monde.

Le cheval s'appelait Mémoire.

Jean Edmond se remit rapidement, mais il fallut à Marie Libertine des soins plus sérieux. Le père Mougeot paya le médecin. Ce n'était pas que son corps, quoique affaibli, en fût à ce point d'épuisement. Il semblait plutôt qu'elle refusait de le libérer. C'est ce que dit le docteur. Il lui fallait du monde, de la visite. Elle se tenait prisonnière, s'auto-détruisait, se tenait, au sens réflexif du terme.

Par ailleurs, il intima l'ordre à Jean Edmond de retourner en ville. Il semblait penser, et même pensait à voix haute, que la présence du garçon auprès de sa sœur n'était pas bénéfique.

Il y eut une trêve. Muette passait tous les soirs à la sortie des classes. Mademoiselle Alexandra lui portait des livres. Forest vint un jour avec un panier de nourriture, des gâteries, une assiette de crêpes, des marrons chauds, une bouteille de vin nouveau qu'ils burent ensemble. C'était un homme bon et solide, rassurant. Il lui parla de tout un tas de choses qui n'avaient apparemment aucun rapport avec elle et pourtant... Sa visite lui fit du bien.

Les bourrasques de vent et les tout derniers orages emportaient les feuilles d'automne lorsque, pour la Toussaint, Jean Edmond revint de pension. Marie Libertine allait mieux. Elle put sortir et voulut se rendre au cimetière. En chemin, elle cueillit des fleurs pour la tombe du père. Et surtout elle lui tenait la main. Elle portait une vilaine petite robe noire, des gros souliers. Le cimetière était blanc et froid, tout serré sur lui-même.

De nouveau Jean Edmond repartit. Ils avaient connu durant ces vacances une intimité douillette, cotonneuse, timide et triste.

Un matin l'institutrice vint elle-même chercher la fillette, en voiture, pour la ramener vers l'école. Elle pensait, en personne raisonnable, que la compagnie des enfants du village, à qui elle avait fait la leçon, et l'émulation scolaire, ne pouvaient que l'aider à sortir de cette impasse. Le résultat ne fut pas immédiatement à la mesure de ses (bonnes) intentions.

Et cependant l'hiver passa. Le second froid, dans la grange ranimée par le feu qui y brûlait sans cesse. Marie Libertine, peu à peu, revint à elle, oublia les cauchemars. Jean Edmond lui manquait. Elle ne voulait plus qu'il parte, il ne voulait plus partir. La vie sans l'autre était comme un désert. Un désespoir de vide. Et elle le lui disait. Les mots les faisaient frissonner.

A Noël il lui offrit un poste de radio. Peut-être l'avait-il volé. L'appareil n'était pas neuf, mais il parlait.

Pour Pâques elle se laissa caresser. Il avait des manières fragiles et brutales. Ces attouchements la rassuraient, son corps redevenait bébé, objet passif, elle ne lui commandait plus. Il vivait, se laissait dériver, sentait. Ressentait. Et jusqu'à cette nausée qui parfois la prenait et lui semblait en désaccord avec l'harmonie douillette et sans honte de son corps caressé. Ils sortaient de l'enfance.

Puis un jour Jean Edmond lui dit: « partons ». Elle ne demanda pas où. Elle n'en avait rien à faire. Leur existence était morne et ils auraient bientôt treize ans.

Ce fut la Grande fugue, la glorieuse.

*

Ils ont suivi la plage, marché des jours et des jours. Le mois de mai défilait dans les couchers de soleil rougeoyant sur la mer. C'était l'ennui qui se muait en liberté.

Six mois plus tard on les retrouvait en province de Galice, un coin battu des vents, sauvage et solitaire, au bord de l'océan. On ne sut jamais comment ils avaient passé la frontière.

Ils vivaient là sous la coque retournée d'une barque de pêche, loin de tout endroit habité.

Quand ils revinrent au village, ce fut entre deux gendarmes. Mademoiselle Alexandra se précipita.

Elle les trouva très amaigris, plus sales que jamais, poisseux, et sans doute affamés.

Un groupe de curieux s'était formé, très vite. Tous les enfants de l'école étaient là, qu'ils avaient désertée sitôt le départ de l'institutrice. Plus d'un en resta pantois.

Les conjectures allaient bon train. On écouta les explications des gendarmes. On apprit qu'ils s'étaient nourris de coquillages, de poissons, d'oiseaux marins à la chair salée, voire des infects rats que déversent les égouts dans la mer. Ils avaient eu froid, et certainement n'avaient vu personne depuis des mois. Mais le physique n'était rien. Marie Libertine avait eu ses premières règles. On voyait encore le sang séché sous ses ongles et la coulée sur ses chevilles. Elle refusa d'en parler. Elle était redevenue mutique. On ne put en tirer un seul mot, guère davantage de son frère. Ils étaient épuisés, hagards, méfiants.

Des mois plus tard on sentait encore sur leur corps cette tenace odeur d'algues et d'océan.

Jean Edmond, dont les cheveux avaient poussé, ne les couperait plus jamais.

Il y eut une enquête.

La mère joua la honte, l'infamie. Le déshonneur était, à l'en croire, sur la famille. Elle n'avait que des malheurs. Ce n'était pas nouveau, ces gosses étaient tarés, il suffisait de les regarder, même pas capables de parler, comme ça depuis l'enfance, elle ne savait qu'en faire, elle affirma ne plus vouloir les voir, cela non plus ce n'était pas nouveau, et enfin on les plaça au Centre Psychothérapeutique pour Adolescents, où Jean Edmond put reprendre ses études interrompues et pour lequel la ligne de bus était directe. Marie Libertine l'y suivit.

Sophie fut heureuse du dénouement de l'affaire et l'exprima clairement, avec ostentation, devant la mère. On en parla dans les journaux.

Madame Hazera était au plus bas.

Sophie lui échappait. Elle sentait combien elle avait raté l'éducation de celle-là, qui n'avait aucunement la docilité humide d'une Eglantine, avait toujours refusé de garder les vaches et affichait à présent les grandes manières méprisantes de la ville. La jeune fille portait de jolies robes, allait en faculté, avait un amant plus âgé qu'elle et qui la choyait. C'était, disait-on dans le village, une entretenue. Belle, comme il se doit. Ou plutôt mignonne. Très coquette. Mais avec un caractère impossible et câlin, propre à séduire.

Elle disait ne pas vouloir se marier, d'ailleurs l'homme n'était pas libre. Elle s'en fichait. Entre le chamboulement de la naissance des jumeaux et l'adoration de la mère pour Evangel, Sophie s'était élevée toute seule, du moins le croyait-elle, et en avait gardé le goût de l'indépendance.

Elle traitait impunément sa mère de mots grossiers, voire obscènes, qu'Evangel ânonnait tout bas jusqu'à les savoir par cœur.

C'est à cette époque qu'il se mit à pratiquer obstinément l'onanisme, chuchotant comme une litanie les paroles ordurières dont il entendait Sophie couvrir sa mère, des mots troubles qui avaient le pouvoir transcendant de le mettre en érection.

L'attitude de Sophie, qui ne voulait pas décamper, le souci causé par les jumeaux, Eglantine qui était de nouveau enceinte et son Amandine-Résurrection à moitié idiote, sans parler d'Evangel qui salissait le lit, ce qui n'est pas particulièrement le fait d'un ange, et surtout l'incroyable culot de ce psycho-quelque chose qui était venu à la ferme et avait insinué, après des questions indiscrètes, qu'elle, la mère, avait une lourde responsabilité dans *leurs* difficultés, alors qu'elle pensait très sincèrement, et pour ainsi dire en toute innocence, en être la très réelle victime, cet homme dont elle avait senti le mépris au travers d'une politesse froide et insidieuse, tout cela précipita madame Hazera dans une ménopause spectaculaire et hystérique.

Elle vieillissait.

Et Marie Libertine devint belle.

CHAPITRE 10

Pirates et capitaines.
Et Marie Libertine devint belle.

Marie Libertine passait dans la grand-rue du village. Ses cheveux assagis étaient tressés dans des rubans de couleur, trois grosses nattes re-mêlées en une et relevées sur la tête. Les rubans, jaune, bleu, vert, flottaient dans son dos. Les villageois ne l'aimaient pas. Sa trop grande beauté attirait les regards et sentait le scandale, une eau sale dont on connaissait l'origine. Elle avait un port d'étrangère, elle n'était pas d'ici. Son mutisme passait pour de la fierté. Sa timidité pour du mépris. Sa virginité présumée était une provocation.

Jean Edmond l'attendait, assis à la terrasse du café des Sports. Il buvait une bière brune en se balançant sur sa chaise. Il avait pris, au contact de certains garçons du centre, de mauvaises habitudes. Peut-être aussi était-ce l'effet de l'âge, ou de trop grande liberté, ou alors de naissance aurait dit la mère, mais on se passait maintenant de son avis.

Le centre n'était pas vraiment mixte mais on faisait parfois des exceptions afin de ne pas séparer les fratries, et ce fut le cas pour les jumeaux.

Jean Edmond portait ce jour-là un blue-jean, une chemise au col élimé, aux pieds des bottes de cuir noir, grises de poussière, une queue de cheval dans la nuque et à l'oreille un anneau qui le faisait passer pour un manouche, mais on savait bien au village à quoi s'en tenir. Le centre s'occupait de les habiller et tenait le linge propre, ce qui était un progrès. Ils rentraient chaque soir.

Gentin le Grand, le fils du maire, traversait la place et se dirigeait de son pas dégingandé vers le café quand Marie Libertine apparut au coin de la grand-rue. Elle était vêtue d'une jupe bleue que lui avait laissée Sophie, et seulement un vieux tricot gris et laid en guise de chemise. Son jumeau la vit de loin. Sans qu'il fît un geste elle sentit sur elle son regard la suivre. Elle s'amusait à porter le panier rond des courses, mains sur les hanches, haut et droit sur la couronne de tresses, un art dans lequel elle excellait et qui lui cambrait agréablement les reins tout en lui donnant cet air fier et majestueux du plus subtil équilibre. Ainsi la lavandière a-t-elle parfois plus de grâce qu'une princesse.

Des petits cheveux, frisés, légers, s'échappaient de sa coiffure tout autour de sa tête.

« ...'jour », dit-elle en s'asseyant face aux deux garçons, dos à la place, et elle posa le panier des courses à terre, coincé entre ses deux pieds.

« Salut », répondit Gentin, qui tirait sur une cigarette américaine.

Bientôt, c'était samedi dix-sept heures, les lycéens étaient de retour, on était à la fin juin, premier jour des vacances d'été, ils furent tous réunis et occupaient la moitié de la terrasse.

Il y avait donc là Gentin, dit « le Grand », qui venait d'obtenir son baccalauréat. On se souviendra pourtant que, du temps de l'école primaire, il s'était trouvé être le cancre le plus notoire du village. Et, de fait, cela ne serait jamais arrivé, qu'il devînt bachelier, si son père, monsieur le maire, qui savait y faire avec les électeurs et pratiquait couramment le principe de la carotte électorale, ne lui avait promis un garage neuf à la sortie du village, et de lui donner sa vieille voiture, une traction avant vétuste et vaste, en cas de succès, sinon rien, car même un garagiste, et le fils se sentait des ailes pour la mécanique auto-routière, se doit d'être instruit. Et donc le jour de l'examen Gentin s'était présenté bien équipé, bardé, saucissonné, littéralement truffé de résumés judicieux et illicites, qui lui avaient pris un temps considérable mais aussi donné l'indicible plaisir de la tricherie victorieuse ; car effectivement il obtint le diplôme, sans en être ni plus instruit ni plus intelligent, c'était une vraie grande mule, le plus âgé de la bande et certes pas le plus doué, mise à part cette aptitude à la rouerie et au mensonge. Bref Gentin, qui n'avait, comme on vient de le voir, que peu de sens moral, était bachelier tout neuf.

Il y avait Robert, dit « Bob Saucisson », c'est dire s'il n'était pas petit, tout long, maigre comme un poteau télégraphique, un grand dadais orphelin de père et sur lequel la faiblesse d'une mère humble femme de ménage, une abonnée des dates symboliques, qui s'était mariée un quinze août, avait accouché pour Pâques et perdu son mari à la Noël, n'avait aucune prise. Cela n'étonnait pas, dans le pays, qu'elle fût superstitieuse à ce point, car elle était portugaise. Elle l'adorait.

Jean Bart, le bras droit de Gentin, était à peine plus âgé que nos jumeaux. Il venait de faire ses quinze ans. Vif, leste, rusé, méfiant, on l'appelait « l'équilibriste », ou parfois « l'anguille », car il n'avait pas son pareil pour se glisser dans les endroits apparemment les plus inaccessibles, et montrait de réelles aptitudes, qui se révéleraient indubitables et le mèneraient plus tard en prison, pour la cleptomanie.

Renaud, un garçon taciturne et violent, épais et fort, au visage couturé des restes d'une varicelle, était le fils du dentiste, un rescapé miraculeux du scalpel incisif de son père qui pratiquait lui-même sur son épouse, une jolie jeune femme bi-annuellement enceinte, on n'avait pas alors inventé la pilule, des avortements à répétition et justement, cette fois-là, c'était le tour de Renaud, l'opération avait échoué, permettant qu'il naquît. Le dentiste estimait à douze sa descendance potentielle, qui cependant se réduisait, scalpel oblige, aux deux aînés et à Renaud. Quant à la jeune et jolie épouse, elle avait fini par trépasser, peut-être par lassitude, mais à coup sûr d'une sale infection.

Il y avait Jacinthe, dite « Peau de Rose », qui n'était pas encore la fiancée de Gentin.

Enfin « Pare-Feu », on ne sut jamais son vrai nom. Dit aussi : « le fou ». Celui-là n'était pas du village, mais un de ces délinquants que les jumeaux côtoyaient au centre. Pyromane de conviction, il s'était engagé comme volontaire chez les pompiers de la ville voisine. Les éducateurs l'avaient laissé faire, mais il avait bientôt fallu le soupçonner d'allumer lui-même les foyers d'incendie qu'il mettait tant de fougue à éteindre, les flammes brûlant dans ses yeux. On ne savait qu'en faire, un vrai danger.

Ils s'appelaient « la bande des Pirates », mais quand on parlait d'eux, au village, on disait plus communément « les voyous ».

On les pensait inoffensifs.

Sophie avait offert à sa jeune sœur quelques robes, elle n'en manquait pas, un miroir, un peigne, des barrettes. Elle lui coupa les ongles, les cura, lui enduisit le corps et les cheveux d'huile et de lait, lui expliqua le cycle des menstruations. La jumelle se transforma. On s'aperçut alors qu'elle avait déjà des seins, toute sa silhouette en fut modifiée, ses hanches ne firent que s'arrondir davantage dans un balancement callipyge qui, pour n'être pas de mode par chez nous, n'en était pas moins de toute, étrange, luxuriante et provocatrice beauté. Son cou apparut, long et fin, d'une grâce infinie, avec dedans des petits cheveux presque blonds, tendres et légers. On vit enfin, dégagé de la masse sombre de la chevelure épaisse, son visage, qui était fait de pommettes hautes, la bouche longue, les oreilles étroites et les yeux taillés au biseau cernés de brun.

La période noire était passée. On redoutait tout de ce bonheur tranquille. Voilà qu'ils commençaient à vivre, Marie Libertine avec son panier sur la tête dans les rues du village, sa rêveuse insolence, Jean Edmond et sa boucle d'oreille, ses cheveux longs, son ardeur au travail qui rappelait un certain Abdel que l'on n'avait jamais revu, mais beau comme lui, et qui déjà plaisait aux jeunes filles et bien davantage aux femmes, sa queue de cheval et l'amitié du fils du maire.

Cela avait été comme un enchaînement inéluctable et naturel, c'était comme la vie, dont on ne sait jamais par quels chemins elle nous mène, les courbes du destin qui s'accomplissent sans retour, sans que personne eût su dire, malgré l'envie, ce qui se passait exactement à la grange.

Et rien qu'une réalité banale et quotidienne.

C'est vrai, c'était presque le bonheur.

Et cependant, on le voyait bien, les jumeaux n'étaient plus des enfants.

*

Muette arriva la dernière. Il lui fallait s'occuper du papet, qui vieillissait, faire la soupe et le linge. Elle était toujours aussi menue, petite, et ses grands yeux couleur de menthe lui mangeaient le visage plus que jamais, à l'affût du silence des mots.

Jérusalem Forest se balançait sur une chaise au coin de la terrasse.

Gentin exultait. Les résultats du baccalauréat étaient parus le matin même dans le journal local et le maire, gonflé d'une légitime fierté, n'avait pu manquer de lui confier les clefs de la traction, avant de partir fêter l'événement au café du Commerce, qui justement faisait face au café des Sports. Il n'y avait dans le village aucune équivoque : au nord l'église, au sud la mairie, au centre la fontaine ; et de chaque bord, un café.

Gentin se trouvait être, officiellement, en tant qu'aîné et premier membre formateur du groupe, le chef, dit aussi « capitaine ». Mais Jean Edmond lui damait le pion, car il possédait seul le titre honorifique et prestigieux de « grand pirate », qui lui avait été conféré en référence à leur escapade en Espagne. Cà, c'était du solide, un événement qui avait défrayé la chronique, avait paru dans le journal et fait ravaler sa morve à la mère Hazera. Justement, ils discutaient du programme de la soirée et n'étaient pas d'accord. Gentin annonça : une surprise.

Le patron du café maugréait. Légalement, il ne devait pas servir d'alcool à cette troupe turbulente dont le plus jeune n'avait pas quinze ans, et était parvenu à limiter ses services à la bière. Mais il sentait de la contestation dans l'air.

Jacinthe sortait des toilettes. Elle avait rajouté du rouge à ses lèvres et paraissait plus âgée que ses quatorze ans, encore qu'il fût visible qu'elle entrait à plein visage dans la période boutonneuse de l'adolescence. Ce qui, par dérision, lui avait valu son surnom. Elle portait un jean serré et, sous son débardeur moulant d'où s'échappaient des touffes de poils roux, une paire de gros seins libres se balançait. C'était la fille du facteur, son père buvait, sa mère buvait, tous deux se soulageaient sporadiquement des malheurs de l'existence en tapant sur leur impudique fille unique. Qui avait, par ailleurs, depuis quelque temps, entrepris de séduire le fils du maire, et était sur le point d'y parvenir.

On était le vingt-deux juin, jour de Saint-Jean.

Déjà les lampions s'accrochaient aux fils électriques.

Ce soir, il y aurait bal. Rendez-vous fut fixé pour vingt et une heures sur la place du village.

Le papet était couché et Muette s'en fut partager, soupe au lait et pain perdu, le repas des jumeaux.

CHAPITRE 11

La ferme de l'Eau-de-Vie.
Un bal de Saint-Jean.

« Eh! les bâtards, çui-là, y s'ra jamais à vous! »

La ferme de l'Eau-de-Vie, devant laquelle ils venaient de s'arrêter, sombre dans le crépuscule, était en réalité un château de campagne qui, plusieurs fois remanié au cours des siècles, pouvait tout de même s'enorgueillir de remonter au bas Moyen Âge de notre histoire et méritait sans doute mieux que cette appellation paysanne de « ferme ». Mais on l'appelait ainsi, et seulement quelquefois « le Château », et l'on voulait alors, davantage, évoquer ses habitants que la bâtisse elle-même.

Tout près de là jaillissait une source, l'Ayguevive, qui avait eu autrefois la réputation d'accomplir, sinon des miracles, du moins quelques bienfaits. C'était une bonne eau, vive et claire, jamais à sec, une réserve pour les mauvaises années.

L'endroit se situait à quelques huit kilomètres du village, accessible seulement par un chemin de grave mal entretenu et maintenant isolé. Il y avait eu là, jadis, un hameau dont il ne restait rien. Les terres, de même que la route, étant à cheval sur deux communes, chacune se disputait le droit de ne pas y envoyer de cantonnier. Il n'y avait au château ni eau courante, ni électricité. Le facteur n'y venait pas. S'accumulaient sur la route nids de poules et fondrières.

Les jumeaux n'étaient jamais venus par ici, dans ce lieu qui les éloignait de la mer, et plus loin une impénétrable forêt domaniale abandonnée. Ils en auraient ignoré l'existence encore longtemps peut-être si Gentin, voulant essayer sa traction et désireux, comme tous, de confronter les jumeaux à leur passé, ne les avait échoués, au soir de Saint-Jean, sur ce chemin perdu. Dans la voiture ils étaient neuf, entassés, et c'était la nuit.

Gentin arrêta la voiture au milieu du chemin, coupa le moteur, éteignit les phares. Dehors, la lumière était blanche. La bâtisse leur était apparue miroitant sous la pleine lune, la grande cour carrée éclairée comme de jour, la mousse et le lierre grimpant sur les murs, la forme ronde et massive d'une tour, sur le flanc droit, où l'on devinait la pâle et vacillante lumière d'une bougie. L'ombre gigantesque de quatre peupliers sur le bord du chemin. Par les vitres ouvertes leur parvenait le frémissement doux du vent d'été dans les bambous et le bois d'acacias, le chuintement lointain d'une chevêche auquel sembla répondre, bizarrement près, le hululement d'une dame blanche invisible. Alors Gentin le Grand s'était écrié : « Eh ! les bâtards ! ç'ui-là y sera jamais à vous ! » Ricanant.

Jean Edmond, qui était assis sur le siège avant passager, avait tourné les yeux vers le fils du maire. Calmement, il avait écrasé sa cigarette sur l'avant-bras du mal-disant.

Puis ils descendirent de voiture pour se battre, régler la question, en hommes, ce qui était habituel et cependant n'arrivait jamais à décider lequel, du capitaine ou du grand pirate, avait davantage droit au titre et au pouvoir de « chef ».

Marie Libertine appréciait les bagarres, Jacinthe s'en régalait. Quant aux garçons, cet exercice restait encore le principal attrait des sorties du samedi soir.

Gentin eut d'abord le dessus, mais vite il s'énerva, il était trop grand, alors que Jean Edmond puisait sa force dans la patience, avec une méchanceté rare et dure, fulgurante, dans le regard. Son agilité était extrême et précise, ses muscles secs, solides. Quand il tint à deux mains serrées le cou épais de Gentin, les pouces lui pressant la gorge, l'autre gargouillait, il entreprit de lui faire cracher le morceau.

Ce mot de bâtard, ce vilain mot, cette injure qu'il entendait depuis l'enfance, qui sonnait parfois comme un nom de famille, il en avait assez. Il voulait cette fois en connaître la raison et, si la fierté l'avait empêché jusqu'à maintenant de s'en enquérir, l'occasion se montrait bonne. Il avait atteint cet âge où l'on ne se contente plus du mystère, ce flou de l'imagination où tout est possible, le pire ou le meilleur, en tout cas l'extraordinaire, bleuet de passions floues. Il voulait savoir. Il était clair qu'il ne lâcherait pas le cou du provocateur, qui était son ami.

C'est Jacinthe qui déballa toute l'histoire car son père, qui était facteur et qui buvait, en savait long, en pensait beaucoup, et en racontait plus encore. Ils s'assirent au bord du talus. La terre était chaude, humide, pleine de la douceur qui avait accompagné ces derniers jours du printemps. Gentin se massait la pomme d'Adam tout en tapant fraternellement sur l'épaule de son camarade. Pare-Feu faisait flamber inutilement un tas d'allumettes, Renaud grattait ses boutons qui devenaient, au contact de ses ongles sales, de vrais furoncles, et Jean Bart s'installa sur le capot de la voiture car il était coquet et n'aimait pas se salir. Marie Libertine se tint coite tandis que Muette chiffonnait sa jupe bleue en tentant, à la faveur de la lune, de déchiffrer le texte sur les lèvres de Jacinthe.

Les jumeaux ne se regardaient pas.

« C'était juste le compte avant votre naissance, en automne, à l'époque des vendanges, commença la rousse. L'ouvrier était un marocain du nom d'Abdoul, ou Abdel, on ne savait pas bien et quelquefois on disait Abd'l'rahim, mais on préférait l'appeler Abdel, qui était plus simple et rappelait le "Abel" de chez nous, celui de la Bible, et surtout il avait vingt ans et c'était un bien beau gars, à c'qu'y paraît. La mère Hazera aussi, c'était encore une belle femme, avec de tout c'qui faut partout, et mon père s'est vanté qu'il aurait pu se la faire, s'il avait voulu, même que ma mère ça la fiche en colère quand y dit ça, et qu'un jour elle lui a balancé le tisonnier à la tête, "ce salaud-là y se la s'rait bien sautée, l'âne-d'or", qu'elle dit, ma mère, elle fait sa jalouse mais vrai, moi je crois pas, mon père c'est un minable, il est toujours saoul que même y peut plus bander, mais y fait semblant et puis devant les copains y faut toujours qu'y se vante… Et puis ça fait enrager ma mère.

…/…

« Et justement, ce matin-là, il portait du courrier à la ferme du Bout et il entend des rires du côté de la grange, où qu'y a un grenier tout en haut de l'échelle, et même c'était un rire de femme, du genre : "Arrête de me chatouiller, j'en peux plus, continue…", il s'est dit qu'il pourrait peut-être reluquer un peu ta sœur Eglantine, qu'avait déjà des gros seins et qu'avait l'âge. C'est comme ça qu'y raconte, mon père, tout le monde est au courant. Alors le voilà qui monte, doucement, à l'échelle, tranquillement sans se faire entendre, et qu'en haut y voit une paire de fesses bien brunes et bien jeunes qui faisaient tagada tagada et la femme qui pousse des gémissements pas de douleur mais presque, et qu'est-ce qu'y voit tout d'un coup ? Elle tourne la tête à droite, à gauche, elle sait plus où elle habite, qu'est-ce qu'y voit qui c'est? Ta mère! ...Ah! y s'en est payé une belle tranche mon père, ce jour-là, et rien qu'avec les yeux, gratos, qu'y dit... »

A ce moment Jean Bart glissa de la voiture et disparut dans l'obscurité. Gentin, qui n'avait pas le sens du drame, l'interpella: « Eh! T'as la veuve poignet, garçon?... Vas voir la mère Hazera, elle sait y faire, c'est une chaude! »

Les mœurs, en ce temps-là, n'étaient pas raffinées.

Il s'ensuivit une seconde bataille entre les deux mêmes protagonistes qu'auparavant. Gentin, comprenant la nécessité dans laquelle Jean Edmond était de se défouler, l'y aida de son mieux.

Quand le calme fut revenu, et Jean Bart qui était tout simplement allé uriner, Jacinthe ajoutait:

« Alors tu vois, c'est pas un secret. Quand vous êtes nés, la mère Hazera avait chassé l'Abdel depuis longtemps mais toi, Marie Libertine, y paraît qu't'étais si brune qu'on pouvait pas s'tromper, et toi, Jean Edmond, pas d'erreur, t'as à peine changé... »

— Et la vieille?

— Quelle vieille?

— La sorcière...

— Ah ça... Y'en a qui disent que c'est une invention. Y'en a d'autres qui croient que c'est un djinn, c'est comme ça qu'y z'appellent les esprits, chez les arabes, y paraît.

— Et après, qu'est-ce qu'il est devenu, ...mon père?

— Il est parti. Ta mère l'a chassé. Ton père, il avait compris. Enfin, je veux dire, çui-là qu'est mort. L'autre, on l'a jamais plus revu par ici. Il est parti comme ça avec sa couverture bariolée en grosse laine de là-bas, et puis une autre, toute fine avec des fils de soie, un tapis de prière, qu'y z'appellent ça... Mon père l'a vu qui prenait le bus, un matin très tôt.

— Et le château ? »

Gentin était prêt.

— Le château, y s'ra jamais à toi, bâtard ! », lança-t-il, triomphant.

*

Sur la place du village, entre les deux cafés, l'église et la mairie, on avait dressé une estrade où avaient pris place les musiciens, avec des lampions multicolores, des guirlandes torsadées et des drapeaux bleu blanc rouge tendus comme des ponts. Le maire avait fait détourner la circulation et les terrasses s'étalaient, bondées, jusque sur la chaussée.

L'eau de la fontaine prenait, sous les illuminations, des reflets verts, puis rouges.

Les flonflons de la fête se dispersaient dans la forêt, rejoignaient en désaccord dans l'air chaud le tintamarre des villages voisins. La musique était mauvaise. On s'en fichait éperdument. Aux barriques de vin, blanc, rouge et cidre pétillant, l'assemblée se servait bruyamment. On se bousculait et l'on aimait ça.

Les jumeaux ne s'étaient pas parlé.

Aussitôt arrivés au milieu de ce brouhaha anonyme et joyeux, Jean Edmond avait entraîné Marie Libertine dans une valse. Le garçon avait bu. Dans la voiture, au retour, Gentin lui avait offert du whisky. La bouteille avait fait le tour, ils avaient tout avalé. Maladroit, il portait sa sœur plus qu'il ne la tenait. Elle sentait à peine ses pieds toucher terre et s'accrochait à lui, effrayée, ravie, ce lourd secret qui n'en était pas un entre eux. Sa tresse entrelacée de rubans se défit. Les longs cheveux fuyaient. Marie Libertine s'emplissait du ciel étoilé. Le sol n'existait plus. Mais, tout à coup, elle le pressentit qui tremblait et dut le soutenir. Ils finirent, pris dans le piège des danseurs et de la valse qui accélérait autour d'eux son rythme entraînant, chatoyant tourbillon où s'ensevelissait leur détresse, ils finirent immobiles, serrés l'un dans le visage de l'autre, les chevelures emmêlées à s'accrocher désespérément. Jean Edmond murmurait de drôles de paroles. Il pleurait. Ce qu'ils avaient appris les laissait troubles.

A minuit, on mit le feu au tas de branchages devant l'église. Les jeunes sautèrent les premiers, les garçons, lourds, qui se croyaient légers, les filles relevant leurs jupes d'été. Quelques ivrognes bondirent aussi dans un cataclysme de rires et de « hourra! », et les mères de famille, enhardies, tentèrent maladroitement leur chance avec de petits cris de peur et d'excitation.

Pare-Feu étonna ceux qui n'étaient pas encore couchés en marchant, pieds nus, sur les braises rougeoyantes, à cinq heures du matin, dans l'aube du jour le plus long de l'année.

*

C'est en rentrant chez lui, son épouse au bras, dont il détourna discrètement l'attention, que le maire aperçut son fils, le bachelier, plaqué contre le corps de Jacinthe dans la petite cour derrière le café du Commerce. Il l'embrassait goulûment comme on voit faire au cinéma, une main sous la jupe légère, un gros sein échappé dans l'autre, il n'y avait pas de doute, il releva un sourcil et puis sourit, plutôt fier, son fils serait bientôt un homme.

C'est donc cette nuit-là que Jacinthe Peau de Rose, Jacinthe à la chair blanche, un peu molle, un peu rousse, perdit sa virginité sur le siège arrière de la voiture du fils du maire.

L'aube fut mauve et quand le soleil se leva, radieux, c'était l'été.

Les jumeaux ne s'étaient pas quittés. Ils rentrèrent tôt. Jean Edmond fut malade, il vomit en chemin, puis dans le lit, vida son âme toute la nuit, se comporta comme un enfant.

Muette les vit partir. Elle était seule sur les marches de l'église. Personne ne l'inviterait à danser. Elle n'entendait même pas la musique qui les faisait tous s'agiter. Elle attendit jusqu'au matin. Le papet se lèverait tôt. Elle ne dormirait pas. Il allait bientôt l'appeler, dans la petite maison aux fenêtres étroites, peut-être s'inquiéter. Et la jeune sourde, dans sa robe bleue et dans son corps léger, Muette qui avait semblé s'envoler en sautant le feu de Saint-Jean, Muette qui avait vu Jean Edmond s'enfouir dans le visage de Marie Libertine, Muette qui avait regardé le désir écrit en tourbillon de chaleur dans le corps de Jacinthe, Muette qui avait la grâce d'un enfant et les yeux clairs et sombres des saints d'icône, laissa passer sur son visage une esquisse de sourire attendri et malheureux à la fois. Ce matin-là elle ressortit de sa malle une poupée de porcelaine qui avait appartenu à sa mère, qu'elle noua sur son ventre dans une ceinture de coton blanc.

CHAPITRE 12

Fille qui chante demande mari.
Où coule le miel.

« Chu-u-u-t », dit Marie Libertine à Jean Edmond qui éclatait de rire.

Le valet de ferme, un gros homme rouge de teint, venait de lancer dans les jambes de la gitane Zia un porcelet rose et criard, et la servante était tombée. La suite, ils ne la virent pas. Le garçon avait entraîné dans la grange la jeune fille en colère et qui se débattait en blasphémant.

*

L'été avait passé, heureux, fertile en événements, un véritable et trouble été d'adolescents.

La bande des pirates avait sévi dans la région tout au long des beaux jours, mais plus souvent vers la mer où la vieille traction et la cariole du papet Mougeot les conduisaient facilement. La chaleur des pinèdes, l'ennui du petit village, et cet âge où tout est liberté, les poussaient à partir. L'ouest, la promesse de solitude des dunes sous le vent, les attirait.

Gentin usa, pendant tout le mois de juillet, de Jacinthe et d'un certain nombre de capotes anglaises. Ils disparaissaient dans le bruc argenté, s'aimaient sous les pins, dans l'eau même.

La fille du facteur était aux anges. Son corps épanoui de rousse aimait qu'on lui fît l'amour. Elle était folle du fils du maire et de ses dix-neuf ans. N'importe où, n'importe quand, elle était prête, chaude sous le soleil, juteuse comme un brugnon.

Fin juillet elle alla trouver Sophie, dont l'amant était pharmacien, et qui lui fournit un lot de pilules contraceptives.

La femme du facteur avait senti, dès ce premier matin de retour de Saint-Jean, l'odeur prégnante de l'amour sur sa fille. Curieusement, ce n'était pas habituel, elle prit la chose calmement. Mue par un instinct, peut-être maternel, de solidarité et de compréhension, elle en profita pour se rapprocher de sa fille devenue femme. Sa réaction eut ceci de commun avec celle de monsieur le maire, qu'elle en ressentit une sorte de fierté.

Il y avait déjà quelque temps que, visiblement, le corps très mûr de Jacinthe appelait l'homme. Sa fille était belle, elle accepta l'idée de l'inévitable défloration. Ainsi naquit entre elles une sorte de complicité. Elles s'entendirent, face au père, pour dissimuler le fait le plus longtemps possible.

Mais les nouveaux amants, dans la fièvre et la précipitation de la découverte, n'étaient d'aucune discrétion. Et ils s'embrassaient un jour à pleine bouche dans les W.-C. du café des Sports quand le père, après son huitième Ricard, se sentit le besoin d'uriner. Mal lui en prit car la porte des toilettes, hasard malheureux, était de celles qui ont depuis longtemps, le bois gonflé, le pêne usé, oublié de fermer. C'est donc très abruptement, sans dissimulation possible, que le facteur trouva sa fille la main dans le slip de Gentin le

Grand qui, braguette ouverte, essayait de faufiler son sexe, durci, son pantalon le gênait, ce n'était pas pratique, sous la robe de Jacinthe haletante. C'était ridicule et émouvant de maladresse. Chacun y mettait du sien, mais la position n'était pas commode, l'endroit exigu, l'empressement fébrile et les mouvements entravés.

L'arrivée du facteur, comme bien on le pense, les stoppa tout net dans leur élan frénétique. Bob Saucisson, qui était censé faire le guet et s'acharnait au même moment sur une partie de baby-foot, vit Gentin, décontenancé, plus rapide qu'un chien fou, traverser le bistrot en tentant de refermer son pantalon. Jacinthe, dans un réflexe habituel, s'était aussitôt protégé le visage de ses bras. Le fils du maire avait détalé. Elle, ne bougeait pas davantage qu'une souris. De toute façon, la punition était inévitable.

Et en effet la réaction du facteur fut violente, spectaculaire, sans nuances. Tout le monde en profita. Il poussa Jacinthe hors du bistrot, la traîna dans les rues du village sans lui laisser le temps de remonter sa culotte, informant sur le trajet chacun, de sa connaissance ou non, que sa fille était « une putain », le fils du maire « un saligaud ». Certains eurent le bon sens de penser que c'était là une bien curieuse façon d'étouffer le scandale et que ce genre d'affaires se traite ordinairement dans le huis clos des familles, mais dans l'ensemble le spectacle plut.

A leur arrivée à la maison Jacinthe reçut une raclée formidable, dont la brutalité était à la mesure de la rage impuissante qui possédait le père.

Mais le facteur avait d'autres sujets de colère et, le vin cuvé, il sembla oublier l'événement.

Seulement, certains jours, voyant passer Jacinthe dans ses jupes courtes de coton, dans ses jeans moulés, sa belle poitrine à l'air sous les tricots légers de l'été, il lui venait soudain à l'esprit, précises, intolérables, des visions de sa fille faisant l'amour. Il imaginait alors des scènes que, dans l'émoi et la maladresse des premiers jeux, ni elle ni Gentin n'étaient encore capables de concevoir. Il voyait rouge. Animale, elle sentait monter le danger. Et bien longtemps encore après ce jour fatal s'attendait-elle, à n'importe quel moment, ridicule et inopportun, à se faire battre et injurier.

Heureusement, les crises étaient rares, et s'arrêtaient comme par miracle, plouf!, il s'asseyait, se servait un verre, et lui disait de filer.

Ce dont elle ne se privait pas.

Cet été laissa dans le cœur de Jacinthe une nausée imprécise, un écœurement d'elle-même qu'elle n'osait pas s'expliquer, ce n'était pas vraiment une fille intelligente, sinon qu'il lui semblait chaque fois davantage mériter les colères paternelles et son propre mépris. Car Gentin, qui avait fini par se lasser et la trouvait à présent collante, offrit vers la mi-août de la prêter à son copain Jean Bart. Qui la partagea avec Jean Edmond. Qui la prêta à son tour à ce fou de Pare-Feu. Elle échoua en dernier ressort dans les bras maigres de Bob Saucisson. Elle devint ainsi la fiancée universelle, propriété de tous. On comprend dans ce cas que l'Amour, qu'elle attendait, la déçût.

Pour eux, c'était une aubaine. Ils se comportaient en despotes. Jacinthe devenait un terrain d'exercice. C'était humiliant. Les garçons, jeunes, maladroits, pressés, ne prenaient aucun souci de son plaisir ni de son âme. Où était la passion, la douce, la tendre et violente passion dont elle avait rêvé? Jean Bart était brutal et ne lui disait pas un mot; Robert, mécanique et niais, gentil, mais sans poids, inconsistant; Pare-Feu se montrait dangereux, déroutant, bizarre dans ses exigences ; Jean Edmond caressant, mais indifférent. Elle se tournait vers Gentin, le buvait des yeux, pleurait, l'implorait. Bref, elle l'énervait.

Renaud, malgré l'occasion dont tous les autres profitèrent, resta vierge. Les railleries allaient bon train mais n'y firent rien. Le fils du dentiste avait une conception tout à fait romantique de l'amour. Une symbiose, une douceur, une mère où nicher ses enfants. Taciturne, tendre, secret.

Il se passa, au village et dans les environs, durant cet été-là, quelques événements déroutants. Des pétards éclatèrent une nuit, alors que tout le monde dormait. Des fusées partirent dans tous les sens. Une sirène d'alarme stridulait, on crut à une attaque, une guerre atomique, un tremblement de terre.

Le lendemain le journal local titrait : « UNE FARCE SANS GRAVITÉ ». On avait pris le parti d'en rire.

Un samedi matin, jour de marché, on découvrit une jolie culotte à fleurs, mais sale, sur la tête de la jeune fille en pierre de la fontaine. Cela fut beaucoup moins apprécié, et par la dame qui fit la trouvaille, et par Jacinthe, à qui appartenait le sous-vêtement.

Il y eut des inscriptions sur la façade de la mairie, du genre « Anarchie vaincra » et « Mort aux salauds », ce qui n'engageait à rien. Une chouette clouée sur la porte du café du Commerce, de l'urine dans les boîtes aux lettres des vieilles filles, des chiens lâchés dans la nuit. Ils déversèrent un jour une bouteille d'huile devant la porte du café des Sports, juste avant la fin d'un match de finale à la télévision qui avait attiré beaucoup de monde. A la sortie ce fut une belle hécatombe. « Allé-é-z lé-és verts ! »...

Le curé, un dimanche, fit la grimace en public : le vin de messe dans sa haute coupe avait un bien mauvais goût de vinaigre.

Impossible de les prendre sur le fait. On savait bien que c'était eux. Jeunesse et chenapans, le temps qui passe se chargerait bien de les calmer.

Cependant, à la fin du mois d'août, ils commencèrent à s'ennuyer et les plaisanteries tournèrent quelque peu vers la délinquance. C'est ainsi qu'ils prirent l'habitude de visiter les villas isolées de la région. Elles appartenaient en général à des étrangers, parisiens, bordelais, ou allemands. C'était sans risque. Jean Bart faisait merveille lorsqu'il s'agissait d'ouvrir une porte close. C'était comme s'il leur parlait, il les traitait avec douceur. C'est à cette époque qu'il entreprit de se perfectionner dans les systèmes d'alarme.

Il était rare qu'ils emportassent grand-chose. Un bijou pour Jacinthe, une écharpe, un foulard. Certains articles, plus intéressants, étaient monnayables au centre. Ils vidaient les bouteilles et apprirent à boire jusqu'à l'ivresse. C'était un nouveau jeu, un jeu fou. On pouvait alors faire n'importe quoi.

Ils téléphonaient à New York ou à l'horloge parlante, la météo, chez un particulier en Norvège, en Afrique. Jean Edmond eut un jour une grande conversation avec un Ab'del'rahim de Saïdia, c'était au Maroc mais ce n'était pas son père.

Marie Libertine goûtait autour d'elle cette agitation qui n'était que du vent, un tourbillon trompeur. Elle se gorgeait d'images télévisées. Elle buvait avec les garçons. En compagnie de Jacinthe, elle ouvrait les armoires. Elles s'habillaient avec des toilettes de dame. La jumelle se sentait bien auprès de la rousse, si pleine de franchise, si avide d'amour.

Quant à Muette, elle ne suivait que rarement. Muette réprouvait les bêtises. Elle restait dans sa petite chambre au-dessus de celle du papet. Les maisons anciennes du côté du lavoir au bas du village avaient la particularité d'être si étroites qu'on ne pouvait y trouver à chaque étage qu'une seule pièce. De ce fait, elles étaient toutes hautes de trois ou quatre niveaux. De sa chambre qui culminait la sourde pouvait voir les toits du village et le désordre fleuri des jardins. Entre elle et Marie Libertine ce n'était plus tout à fait comme avant. La jumelle traînait toujours du côté de la bande. Muette attendait. Avec sa poupée sur le ventre et ses treize ans de taille fine et souple elle avait toujours l'air d'une petite fille. Personne ne lui faisait la cour. Elle lisait beaucoup et rêvait plus encore.

Jérusalem Forest, qui était sur leurs traces et pour son compte, finit par leur mettre la main au collet. Cela mit fin à leurs petits jeux de groupe. Leur entrevue resterait ignorée du village, mais les garçons s'en souviendraient. Le forestier possédait une force dont ils se gaussèrent longtemps et sottement en soignant leurs plaies ; tournant, comme ils le pouvaient, leur défaite en aventure et leur déconfiture en demi-victoire.

En septembre Gentin eut son garage, deux employés, un apprenti, il devint patron. Il trouvait Jacinthe de plus en plus encombrante et décida de rompre. Il eut la maladresse de lui faire une dernière fois l'amour alors que la jeune fille, déjà prévenue de ses intentions, retenait ses larmes et espérait toujours. Deux jours plus tard elle était à l'hôpital. Ingestion massive de barbituriques, qu'elle avait dérobés à sa mère. Lavage d'estomac. Toute la bande, quand elle n'eût voulu que Gentin, fut là pour lui porter des fleurs, triturer les tuyaux, fumer dans l'antre interdit. Ce fut une sacrée virée.

Mais en octobre elle entrait comme apprentie coiffeuse dans l'unique salon du village et devait y faire des merveilles. Gentin avait une nouvelle « fiancée ». D'ailleurs, même plus tard, même marié, Gentin aurait toujours de nouvelles fiancées. Il n'y avait rien à regretter. Renaud l'emmenait aux bals du samedi soir. Ils étaient de moins en moins souvent avec les autres. Il finit par lui avouer son amour. Ce fut charmant. Jacinthe Peau de Rose se remit à chanter dans les rues du village, on parla mariage, à fredonner au bord de la rivière où ils se donnaient rendez-vous, ses cheveux rouges dans la lumière comme une auréole de joie.

Marie Libertine semblait depuis toujours une intouchable, et ce sentiment paraissait naturel au point qu'aucun des garçons ne cherchait à le détourner.

Pare-Feu fut surpris en flagrant délit d'incendie et partit faire un premier séjour en maison de correction.

Robert prit un travail de commis chez l'épicier. Le fils de la portugaise portait fièrement le crayon sur l'oreille, à la mode ancienne, et un tablier gris très long. On le chargea des livraisons en campagne, et la vision de sa silhouette oblongue dans le vent d'ouest, courbée sur un vétuste et typique triporteur qui prenait avec lui des allures de vélo de course, devint une pittoresque et familière image.

Le groupe se disloquait. Ils avaient mûri. Ils se sentaient des hommes. Après la série de mauvaises blagues de l'été, le calme revint. Mais peu à peu. On eut en effet encore à déplorer certaines disparitions de véhicules, qui cependant étaient retrouvés intacts, jamais loin. Les propriétaires en étaient pour une promenade matinale autour du village. Les vols semblaient sans motifs, un côté ridicule et absurde. Jean Bart se perfectionnait à présent en mécanique autoroutière et passait tout son temps au garage.

*

Marie Libertine avait repiqué sur la tombe du père des mottes de bruyère, tout autour des genêts sauvages. Les jolies fleurs ne manquaient pas mais elle avait choisi celles-là. Dans la lumière rousse de l'automne, cela donnait une image colorée et précise. Elle y avait aussi lâché quelques grillons, patiemment capturés au brin de paille dans les trous du sol, et venait au coucher du soleil respirer la levée des odeurs dans le soir. Le cimetière était petit et vieux, irrégulier, en pente douce vers la rivière.

*

Elle est debout, avec des frissons de douceur dans le corps. Le soleil chauffe son dos. Une auréole blonde et scintillante autour des cheveux bruns, le visage dans l'ombre, les pieds dans la senteur mauve et acide.

Jean Edmond est arrivé doucement derrière elle. Elle l'entend, sait que c'est lui, mais ne bouge pas. Il est si près que leurs ombres se confondent, couchées sur la tombe. Il est à peine plus grand qu'elle, quelques centimètres. Il a passé ses mains autour de ses hanches, attrapé ses doigts, quatre mains croisées sur le ventre de Marie Libertine. Il la tient. Il est impossible d'avancer; pas plus continuer que défaire ce qui est commencé. On pourrait voir du miel en fusion se matérialiser entre les deux corps immobiles; quelque part un crapaud coasse; les grillons entament le long chant à voix multiples, ode conjuguée à la fraîcheur du soir. Combinaison de crissements harmonieux. La lune s'est levée vers l'orient dans le bleu marine du ciel. Ils la regardent. Mais aucun des deux ne la voit vraiment. Il suffit qu'elle soit là.

D'ailleurs, est-ce qu'on sait si la lune a une âme?

Elle sourit dans le premier crépuscule d'automne.

Ils savent très bien tous deux pourquoi il ne faut pas bouger.

CHAPITRE 13

Dans le bosquet de bambous.
Anne Laure.

Quelques minutes plus tard c'est Zia qui sortit la première de la grange, avec de la paille dans les cheveux, arrangeant sa robe d'un mouvement rapide. Les enfants la virent se diriger vers la pompe de l'abreuvoir à vaches dissimulée derrière un muret. Ecartant les cuisses au-dessus de la rigole, elle entreprit de se rincer le sexe à l'eau claire. Debout, sa vêture marron godillait autour de ses cuisses, trop courte. C'était une fille menue, petite, qui se tenait très droite, sans presque de seins et les yeux verts, seule beauté dans un visage ingrat, plus âgée que ne le laissait supposer sa taille réduite, fine, et son physique comme enfantin. On aurait pu croire un garçon. Cependant ses traits disgracieux n'étaient pas sans charme, et elle chantait clair en claquant la langue.

Voilà huit étés que l'homme l'a achetée à sa tribu native de nomades saisonniers. C'était l'année de la cigogne où Evangel avait failli se noyer. Mais cela, Zia ne l'a jamais su car elle n'est jamais retournée au village. Elle avait douze ans. Ses pieds légers ont des frontières intérieures.

C'est vrai qu'elle n'aime pas parler. La foudre est tombée le jour de sa naissance. Son père, son oncle, et le fils de sa tante ont été tués. Le destin voulait qu'elle attirât le feu. Et le malheur. Les femmes s'étaient répandues en longues litanies voilées sur l'inévitable mystère des choses obscures, ce qui n'est pas clair, le tout entremêlé de gémissements bruyants et de mains froissées. Puis une manouche ayant affirmé, dans une logique expéditive, primaire et sans appel, que la colère du ciel était sur l'enfant, on avait décidé, par précaution, les soirs d'orage et les autres, de l'attacher à un arbre, paratonnerre médiéval et barbare. Elle était plutôt laide et, bien entendu, resta sauvage. Sa mère s'était remariée et l'on s'était résolu, sans trop de peine, à la vendre.

Zia marche les pieds nus, qu'elle a sales, noirs sur le dessus, l'eau qui s'est mêlée à la boue y fait des ruisseaux, une croûte de corne en guise de semelles, bien à plat sur le sol. Ce mouvement lui est naturel. On voit bien qu'elle ne pèse rien. Ensuite, la jupe coincée dans le pli intérieur du genou, bouffante, accroupie sur la rigole d'évacuation qui s'échappe du puits au milieu de la cour, elle lave et prépare les légumes pour le repas de midi. Elle tourne souvent la tête pour admirer, fière, les ébats du poulain.

Zia porte les cheveux courts, emmêlés, dont les mèches brunes et blondes sont d'inégale longueur, d'inégale et contrastée couleur, coupés à la diable.

Le garçon de ferme est passé, sans sortir dans la cour, de la grange aux étables qu'il entreprend de curer. Le travail est léger: la porcherie, trois cochons, l'étable et l'écurie. La vache et les chèvres ne dépendent pas de lui.

Depuis trois jours qu'ils observent là en silence les jumeaux ont eu le temps de le trouver antipathique, un homme lourd dans son physique, brutal de manières, une quarantaine d'années, cou épais, face sanguine, muscles gras. Il dort dans la paille, ne ferme jamais sa braguette, rote, pète, boit beaucoup, du vin, rien que du vin. Sa peau en a pris la couleur.

Le site est à la fois grandiose, désolé, d'une majesté périssant de solitude dans les siècles. La grande cour carrée est précédée d'un mur haut, défensif, aux pierres disjointes irrégulières où court la vigne vierge alimentée d'une humidité moussue. Au fond s'élève le château dont la hauteur avale dans l'aube la clarté du soleil levant, projetant sur la cour une ombre pire que la nuit. Mais au soir, face ouverte à l'ouest d'où vient le vent, d'où vient la mer imaginée, c'est le crépuscule qui l'envahit tout entier, lumière éternisée, reflets mouillés sur les vitres embuées ou magie rose incendiaire des ultimes enchantements de l'été. Il emprisonne jusqu'aux derniers reflets du soleil se couchant sur la lande.

Sur la gauche en entrant le bâtiment fermier, adossé, comme pour ne pas tomber, au mur d'enceinte, se montre plus humain, presque accueillant, avec des rideaux à carreaux rouges et blancs, propret, un pigeonnier roucoulant, le pas de porte impeccablement balayé vingt fois le jour par la fermière, un peu arriérée et très velue. Le garçon de ferme ne lui est rien. La femme est née dans cet endroit. Sa famille y aura été métayère pendant plus de cent cinquante années. Exactement six générations dont, n'ayant pas de descendance, elle sera la dernière. Son mari, devenu stérile à la suite des oreillons qu'il a contractés à l'âge de seize ans, n'ose plus la toucher. Pour cela, il va au village. Mais plus souvent se sert des bêtes. A force de ne pas avoir d'enfant elle est presque devenue un homme. C'est la moustache qui fait barrière, et les seins durs à ne pas pouvoir les approcher. Lui, on ne le voit pas souvent. Il s'occupe des champs. Un homme solitaire, pire qu'un berger des montagnes. Seule lui est bonne la compagnie de son chien, de ses chèvres. Il en suit chaque mise à bas avec délicatesse.

Entre la ferme et le château les corps se touchent au niveau d'une grosse tour d'angle. Ronde et haute de trente mètres, crénelée, percée de meurtrières, elle est le seul vestige authentique, intégral, du château initial. En haut, tout en haut, loge la chevêche.

Pendant le jour les chevaux paissent dans la cour. Jean Edmond subjugué assiste aux fougueuses et juvéniles gambades du poulain. C'est un yearling, anglo-arabe à la robe délicatement mouchetée de gris. Petit, nerveux, joli comme un cabri. Il envie la gitane, qui le monte à cru. Quelques tours de manège, la bête renâcle, puis se calme, prise au jeu. Alors Zia saute sur la mère, s'évade du château, prend le chemin qui s'enfonce dans la forêt, au trot, au galop, ils disparaissent au bout de la route qui se perd, le poulain en remorque joyeuse, libéré, et comme éclatant d'un rire hennissant dans la croupe de la jument.

Vers la droite le sol de la cour marque une dénivellation le long de laquelle s'allongent les étables, l'écurie, la grange et le parc à cochons. Au plus bas niveau quelques canards s'éclaboussent dans l'ancien lavoir aux eaux vertes, tout près du bosquet de bambous frémissants. C'est là que nos jumeaux sont dissimulés, sous les branches tombantes d'un très vieux saule pleureur.

Tous les bâtiments se tiennent. La volonté est défensive. Il n'y a que deux entrées dans l'enceinte, par l'ouest, face au château. L'une, centrale, haute et large, servie d'un portail, est bordée de deux colonnes de marbre vert surmontées d'un couple de lynx impassibles. Par là passe encore parfois le cabriolet défraîchi que l'on voit dormir, en compagnie d'autres véhicules en bien plus mauvais état, dans un vestige de bâtiment ouvert au vent, sur la gauche, en prolongement de la ferme. Y passent aussi, soir et matin, la vache solitaire, le vieux tracteur à pétrole, les chèvres. Et les chevaux que monte la gitane.

Deux fois par semaine la fermière attelle la jument à la charrette et va au village. Plus rarement, elle y accompagne la comtesse.

Près du lavoir existe une autre entrée. C'est un portillon bas, très ancien, à moitié enfoui sous les ronces et l'entrelacs des volubilis, sans doute le passage réservé autrefois au personnel et au petit bétail. On le dirait fait pour des enfants. C'est par là, dans l'étouffement de la végétation, dans ce fouillis et la lèpre moussue des pierres, que les jumeaux se sont faufilés. Dans la clarté imprécise de l'aube où le château dormait, ils ont glissé sans bruit jusqu'au bosquet de bambous où la brume argentée s'attarde. Voilà trois jours qu'ils attendent et guettent, immobiles et tendus, à la façon silencieuse, en alerte, des chats, le château auréolé d'oranges rosacés dans le soleil levant, la façade sombre avec encore les yeux noirs de la nuit d'occident.

Autour s'étend un pâturage où éclosent, au printemps, des milliers de jonquilles sauvages, des coquelicots fragiles, et se balancent en désordre les hautes tiges des boutons d'or. La route défoncée qui vient du village se perd, bordée par la rangée bruissante des hauts peupliers, pour ne plus aboutir nulle part dans la forêt domaniale, l'ancien bois de chênes, le terrain feutré où ne s'entendent plus les sabots des chevaux de la gitane.

Parfois la comtesse apparaît. Appuyée sur sa canne à pommeau elle s'arrête sur le perron, elle observe le ciel. Elle scrute l'essence verte et pierre de sa propriété. Elle prend le thé. Elle porte toujours ces robes de dentelle fanée; cette taille de petite fille, ces rides qui de loin disparaissent. La vieille dame s'assoit sous la tonnelle près du puits. La gitane la suit, s'avance, sourit, lui embrasse la main, dessus d'abord, dedans ensuite, d'un baiser qui en mange le creux.

La comtesse, Marie, Camille, Emmanuelle Aiguevive de Bonnegarde, est née au château. Dans le pays, autrefois, on l'appelait plutôt Camila. C'était une jolie fille. Elle va sur ses quatre-vingt-dix ans. C'est un grand âge. Il n'y en a plus beaucoup, de son époque, au village. Sa famille descend, du côté paternel, en droite et belle ligne, de la plus ancienne noblesse qui soit à cent kilomètres à la ronde, ce dont elle a gardé l'anachronique et désuet costume. Le titre et les terres en remontent, en effet, au temps des Templiers, survie extraordinaire si l'on songe aux bouleversements de l'histoire, aux remous révolutionnaires et surtout aux inévitables ravages du paludisme dans cette contrée imbibée d'eau, dans ce sable, dans ces temps où la lande désolée n'était qu'un vaste et insalubre marécage, un domaine isolé et sauvage que bordait un littoral infesté de pirates et de contrebandiers, une terre de bergers, un sol pauvre de transhumance et de rapine que longeait cependant, par l'est, la route féodale de l'Espagne. Et là les riches villes aux terres grasses qu'occupèrent les anglais. Ils y ont laissé les yeux bleus.

Camila avait épousé, voilà trop longtemps, un intellectuel sans titre ; le vingtième siècle était en marche, les congés payés dans l'air, et cette circonstance lui avait acquis une excellente réputation de modernité. Déjà, jeune fille, elle ne dédaignait pas de fréquenter les fêtes de village, elle ne manquait ni Mai fleuri ni la Saint-Jean, non plus que le bal des vendanges.

Camila était fille unique. Sa mère, de noblesse espagnole et de santé fragile, avait en effet à peine eu le temps de la mettre au monde avant de mourir de cette tuberculose qui passait, il est vrai, de mode, mais ne lui fut pas moins fatale.

Elle-même eut quatre enfants. Deux ne vécurent pas. Le troisième, qui se prénommait Danton, trouva une mort dramatique, accidentelle et de ce fait inattendue, en tombant de cheval le jour de ses dix-sept ans, lors d'une chasse à courre fastueuse organisée à l'occasion de son anniversaire dans un flamboiement de toilettes et de festivités et qui se termina dans les hurlements sinistres des chiens, le son mourant des cors à l'agonie.

L'intellectuel sans titre se suicidait le soir même. Restait une fille, qui naquit posthume, et qu'elle prénomma Anne Laure.

L'âne d'or.

CHAPITRE 14

Evangel le Borgne.
A quinze ans le diable était beau.

Les jumeaux n'avaient pas vu leur demi-frère Evangel de tout l'été. Ils couraient la campagne.

Ils ne le virent guère davantage durant les mois d'automne. En effet Evangel connut, à cette époque, des crises mystiques qui le confinaient dans sa chambre.

Madame Hazera avait programmé pour son protégé, dès le mois de juin, une montagne de devoirs de vacances sur lesquels il eut des vapeurs, des vertiges, des moiteurs d'incapacité. C'était dur, très dur, ces études, pensait la mère, vigilante et attendrie, exigeante, abusive, et elle le gavait de jus de carotte, de vitamines en sachet, de poisson cru et d'huile de foie de morue, un vrai régime à vomir. Il ne quitta pratiquement pas sa chambre de tout le bel été. Le reste du temps, quand il ne travaillait pas, il se masturbait. C'était comme le pipi dans ses culottes de petit garçon, un plaisir inusable, stérile et salissant. Terriblement insatisfaisant. Pour épargner sa mère il le faisait dans une bouteille de lait à large goulot et, le récipient plein, en jetait le contenu discrètement du côté de la fosse à purin. Aucun romantisme.

En septembre il était plus pâle qu'un champ de marguerites. Il voulait à tout prix contenter sa mère.

De fait, Evangel n'était pas doué pour les études.

De tout l'été, non plus, on n'avait pas vu les jumeaux. Ils rentraient ou ne rentraient pas, on n'en savait rien. Passaient par les bois, se faufilaient dans la nuit, se couchaient dans l'aube, mangeaient à n'importe quelle heure. Mais on apprenait des choses par Amédée.

Des histoires extravagantes, sans doute déformées, exagérées, et madame Hazera s'en trouva tout à coup bien fatiguée. Il y avait pourtant du travail à la ferme, où l'on employait à cette époque de l'année un certain nombre de saisonniers. La gestion de la propriété s'était améliorée depuis la mort du père et la prise de pouvoir du gendre. Eglantine, qui en était à trois enfants, des jumeaux lui étaient nés, deux gros garçons, s'occupait de tout, de tous, des repas, du linge, des courses et de sa mère qui elle-même ne s'occupait que d'Evangel et plus du tout de ses poules. Amédée veillait aux travaux des champs, aux discussions de marché, il était âpre à la parole, il supervisait et se montrait finalement plus autoritaire que ce que l'on avait cru.

C'en était autant pour la mère, qui n'avait jamais supporté qu'un homme la dominât.

L'été est agréable à la campagne, et Sophie venait souvent, dans ses jolies robes à la mode. Comme elle n'aimait pas jouer inutilement les Cosette, elle se faisait servir avec naturel et bonne humeur à la grande table des ouvriers agricoles. Eglantine lui en voulut. Les deux sœurs ne s'étaient jamais comprises. Cependant l'aînée, dont les formes s'étaient amplement développées au fil des maternités mais n'en demeuraient pas moins consommables, trouva dans son travail éreintant quelques compensations qui restèrent discrètes...

Madame Hazera avait vieilli. Des cheveux gris, gros comme du poil d'âne, se mêlaient dans sa chevelure autrefois si belle et le temps lui pesait. Il y avait l'inquiétude pour son petit dernier qui était si pâle. Il y avait, dit-elle, tout ce remue-ménage des moissons et des vendanges. Il y avait que deux vaches étaient mortes dans le mois d'août. Il y avait surtout que les jumeaux n'étaient pas là. Il y avait qu'ils étaient heureux, il y avait qu'ils étaient libres. Envolés, les oiseaux.

Elle se trouva soulagée lorsque, au milieu de l'automne, ils rentrèrent. Au château, les portes se fermaient. Le temps devenait impossible, à pleuvoir sans arrêt et la terre en faisait son tapis de feuilles spongieux. Le saule pleureur avait perdu ses feuilles longues et pendait, pitoyable. Les bois sentaient le champignon. Le long cri des canards sauvages avait fini de traverser le ciel. Le froid approchait, avec parfois de brusques incursions glacées puis de nouveaux beaux jours attardés, clairs, fragiles de lumière dorée, qui faisaient croire à l'été revenu. Mais c'était de moins en moins souvent. Et les heures devenaient comme un paravent que l'on replie dans le coin le plus sombre d'une maison. Frileuses. Alors la mère vit de nouveau le filet de fumée sur le toit de la grange, elle sut ce qu'ils mangeaient, elle avait appris, à l'odeur forte et sucrée dans l'airial, qu'ils aimaient les merguez, elle entendait le bruit de la pompe à eau et quelquefois des rires. Elle voyait Muette et les autres se faufiler dans l'orée du bois. Eux ne se montraient pas. Ils étaient d'une discrétion de renard.

Mais ils étaient là. Son asthénie disparut. Elle reprit la main sur son gendre.

Seul Jérusalem Forest, l'Italien, eût pu raconter leurs attentes de chat dans la cour du château.

Ils ne retourneraient pas au centre. Leur cas était si particulier... Il fut convenu qu'un éducateur passerait les voir par quinzaine. Ces enfants étaient intelligents, leur gémellité les avait protégés du vrai désarroi, de l'abandon, mais aussi continuait à les rendre rebelles à toute intervention extérieure. Il était impensable de les séparer, et c'était pourtant peut-être la seule chose à faire. D'une irrégularité permanente, on n'avait jamais pu obtenir d'eux une réelle présence. Ils auraient des cours par correspondance. Jean Edmond y tenait. A meubler les jours d'hiver. On avait choisi de leur ficher la paix. Ils étaient donc libres, plus libres que jamais.

Evangel, lui, n'était pas libre, et n'était pas heureux. D'abord il était borgne et ses yeux bleu pâle, le vrai et le faux, qui avaient pour la mère, depuis l'enfance, la transparence de la grâce et de l'innocence, n'étaient de fait que le miroir amorphe de sa faiblesse.

A l'école des bonnes sœurs on le prenait pour un fils unique.

On ne rencontre pas que des anges dans ce genre d'établissement, mais madame Hazera ne s'en doutait pas. Et c'est cet hiver-là qu'Evangel, las de la masturbation solitaire, découvrit les plaisirs de l'homosexualité. Il n'était pas pensionnaire et ne dormait pas, comme la plupart de ses congénères, dans les box de boiserie ancienne, sans intimité, avec le Christ comme un juge à la tête du lit austère, le Christ triste, celui qui a des trous dans les mains et le cœur qui saigne parce que le monde n'est pas bon et peut-être à cause de la mort, qui est. De fait sa première expérience eut lieu dans le huis clos des cabinets où un plus grand l'incita à lui sucer le sexe, acte humiliant dans lequel il trouva une profonde jouissance.

Il resta chétif et l'hiver n'y fit rien. Ou pire. Il toussa pendant six mois.

Durant la saison froide, au hasard des promenades qui ne lui devaient évidemment rien, au hasard, les jumeaux allèrent plusieurs fois du côté de l'Eau-de-Vie. Le château, magique et délabré, figé dans le froid, ne bougeait pas. Le vent d'hiver faisait frissonner les acacias, l'allée de peupliers se pliait sous les profondes bourrasques de pluie, et le coin des bambous, au sol en dénivellation, était imbibé d'eau. Les cheminées fumaient. L'herbe, givrée.

L'hiver est long, le printemps davantage, impraticable dans ses premiers mois.

Il y retourneraient en mars.

*

A dix-sept heures, quand le temps le permet, on ne peut jamais dire au printemps, la comtesse se fait servir le thé dans de la vaisselle fine, sous la tonnelle de glycine au feuillage romantique. Là elle a joué, enfant, aux pieds d'une gouvernante austère. La gitane à son tour s'assoit au bas de sa robe. Les jumeaux ne l'entendent pas mais il semble qu'elle parle, les yeux parfois perdus, extatiques, dans les nuages filant au-dessus de la cour, parfois fermés et repliés sur des images intérieures, des délires de l'âme et de l'imagination, concentrée, intense, noire et brune, avec des mouvements symboliques des mains, et le corps mince se balançant d'avant en arrière. Zia ne sait pas lire. Elle puise à des sources enfouies les histoires extraordinaires, les contes universels qui contiennent inévitablement une de ces innombrables et parfois paradoxales parcelles de vérité du monde, réminiscences ataviques du long déroulement de l'Homme, l'obscure et magique autre réalité des choses cachées et sues de tous et de toujours. Le pouvoir de le dire.

Camila en a depuis longtemps épuisé les souffrances et l'angoisse. Elle peut en entendre les mots.

Ce fut elle qui les aperçut la première. Elle avait entrepris le tour de la cour, lentement, appuyée sur son ombrelle chinoise à pommeau d'ivoire. Elle conservait une quantité impressionnante de ces objets inutiles et beaux qu'elle avait aimé posséder dans sa jeunesse. Mais aux pieds elle portait de vieux chaussons, des charentaises usagées aux bords élargis d'où sortaient ses pieds gonflés. C'étaient les seules chaussures que son âge et l'instabilité de son pas lui permissent de supporter.

Ils se sont tapis en la voyant approcher. Le printemps en est à son début. La nature est encore fragile et légère. Le saule pleureur laisse pendre ses longues branches garnies de bourgeons tendres, mais aucune feuille pour les protéger des regards. La vieille dame a confondu de loin la jupe rouge de Marie Libertine avec un oripeau tombé du vent et elle les découvre, blottis, sous une pierre du lavoir. Elle se souvint de Jean Edmond et de la chute du Christ quand elle rencontra les yeux verts. Elle reconnut le grillon disgracieux aux trop longs cheveux bruns.

Ils se déroulèrent et, debout, la dépassaient d'une bonne tête. Magnifiques. Elle compta, mentalement : ils devaient être dans leur seizième année. Marie Libertine avec sa grâce de princesse abyssine mal nourrie, Jean Edmond déjà le corps d'un homme. Et ces yeux...

A quinze ans le diable était beau pensa-t-elle en le regardant, et elle ne savait pas pourquoi cette phrase lui envahissait le cerveau au point de l'empêcher de penser davantage. Elle maudit une fois de plus la vieillesse.

Ils visitèrent le château. L'aile gauche, effondrée, n'avait rien à montrer que de la poussière. Des rats y couraient sur et sous les solives d'un plancher qui n'existait plus. Des chauve-souris y voletèrent, dérangées, aveuglées par la lumière crue que les jumeaux y firent entrer. Ils abandonnèrent eux aussi cette partie du bâtiment.

Depuis plusieurs mois déjà ils rêvaient de pénétrer à l'intérieur de l'énigmatique demeure. Depuis, non pas cette nuit de Saint-Jean dernière, car ce qu'ils y avaient appris ils l'avaient tout d'abord oublié et l'été était passé sans qu'ils parussent y penser. Mais à l'automne, mais durant l'hiver, la bâtisse isolée et grandiose avait hanté leur imagination, peuplé certains rêves de sommeil. Elle s'était découpée dans le ciel de leurs plus anodines promenades.

Leurs quinze ans réveillèrent le logis. Ils firent d'abord résonner le lourd carrelage de la vaste cuisine, portèrent en écho leurs voix dans la cheminée faite pour rôtir de pleins quartiers de bœuf. Le sol était en pente douce, à la mode, pratique, d'autrefois, vers la cour, afin de permettre un nettoyage rapide à grande eau balancée. On y avait l'impression de flotter. Cela semblait la pièce la plus chaude et c'est là, de fait, que la comtesse se tenait le plus souvent aux saisons froides.

A la cuisine était attenante une salle à manger de dimensions raisonnables, dont une porte ouvrait sur une chambre étroite et austère, dite « la Royale ». Un autre passage, qui était seulement un lourd tissu broché retombant d'un seul pan, semblant tapisserie, protégeait une enclave dans le mur et introduisait dans la chapelle privée. Toute bleue, jolie, elle n'avait pas moins de cinq siècles. Mais les plâtres s'y fendaient comme des plaques de sable au soleil après la pluie, et l'humidité y traçait de longues auréoles jaunâtres, aux murs, au plafond voûté constellé d'étoiles dorées.

De là ils revinrent vers l'escalier central, montèrent, traversèrent un salon cossu aux tentures fanées par l'incandescence des saisons, gris d'hivers fumeux aux odeurs de cendre, un salon bourgeois, avec des tapis afghans ou de Perse, de profonds fauteuils, et débouchèrent dans la salle de bal. C'était une longue pièce nue dans laquelle deux oriols, en encorbellement avancé sur la cour, diffusaient une lumière douce et légèrement passée. Le parquet y craquait de façon sinistre. Marie Libertine y tournoya, ivre des images d'elle-même que lui renvoyait, sur le mur arrière, face aux fenêtres, une galerie ininterrompue de miroirs sur pied.

Elle riait.

A l'autre extrémité de cette grande salle depuis longtemps inutile un matelas jeté à terre gardait jalousement la porte cloutée en bois de chêne de la chambre de Camila. Là, dans ce tas de chiffons roulés en couverture, dans un coin de cette pièce froide, dormait la gitane.

La chambre de Camila avait été autrefois un « petit salon », un boudoir intime et féminin, sorte de pendant au salon principal, plus vaste, où les hommes pouvaient garder leurs bottes sur les tapis rares et fumer les longs cigares. Une entrée secrète, dissimulée dans des panneaux de bois coulissant astucieusement au milieu des tentures et des meubles, y ouvrait sur un bureau. Jean Edmond fut impressionné : il y avait là des milliers de livres. La fragrance en était du papier et du cuir, ainsi que des essences d'arbres rares dont étaient faits les meubles.

Au second étaient les chambres. Et surtout celle de l'arrière-grand-mère, la fragile Espagnole au teint pâle ; une pièce inchangée, mortuaire, immobile. Personne n'y avait dormi depuis la fatale tuberculose. Les draps du lit, inconfortable, raide, à baldaquin, étaient encore froissés des larmes que le père de Camila y avait versées. Marie Libertine ouvrit toutes grandes les deux fenêtres à croisillons, dont la crémone semblait sur le point de se réduire en poussière métallique. Elle vit en bas le poulain qu'emmenait Zia, la jument qui suivait, docile, inquiète, la fermière transportant un poulet par les pattes. Au-delà des murailles le soleil descendait sur une longue prairie dont les peupliers marquaient l'entrée. On aurait dit la mer. Elle perçut, lointain, le tintement des cloches de vache. Elle aperçut, la devina plus qu'elle ne la reconnut, la silhouette épaisse du valet de ferme. La tache noire et mouvante devait être le chien. Il aboyait.

Elle ferma la fenêtre. Le silence revint.

Au troisième étaient les chambres de bonne, greniers, soupente, séchoir à linge ouvert au vent d'ouest, mansardes chaudes, avec des poutres énormes et chevillées de bois, d'une solidité qui semblait inébranlable.

La comtesse ouvrit pour Marie Libertine de grandes armoires sombres où étaient conservés dans la lavande et la naphtaline les costumes des siècles passés, les crinolines et les soieries, les dentelles et les chapeaux, les robes de jeunesse, les toilettes espagnoles, les escarpins dorés, les calicots et les bonnets d'enfant, les robes de baptême, les robes de mariée, les costumes de deuil, les costumes de fête, les étoles de fourrure, un uniforme des gardes de Napoléon, une perruque poudrée, des bottes de chasse, des mantilles et des centaines de paires de gants. C'était un vrai trésor aux senteurs parfumées jusqu'à saturation. Cependant elle garda close la penderie de son dernier fils, Danton. Elle évitait de même le regard flou des grands miroirs piqués de la salle de bal.

Ils redescendirent.

On accédait à la tour par la chapelle. L'escalier était en

colimaçon, aux pierres usagées, beaucoup plus ancien que le grand escalier central, qui avait été remanié sous l'Empire et possédait un style bâtard, que les jumeaux m'excusent, d'imitation grecque, avec des moulures de stuc, des colonnades de marbre, des statues aux yeux froids. Non, celui-là était vraiment ce qu'il fallait, énigmatique, tordu, tortueux, usé. Ils y montèrent seuls. Là-haut il n'y avait rien à voir. Un taudis humide et moisi. La pierre ruisselait visiblement. Le sol était jonché des déjections de la chevêche, ces impeccables petits corps d'oiseaux et de souris calcinés par le suc intestinal de l'animal nocturne qui les recrachait ainsi, intacts, momifiés.

Par une courte échelle on montait aux créneaux. Et l'on avait là, tout à coup, une vue imprenable sur le pays. C'est ainsi qu'ils purent apercevoir, lointaines et minuscules, reconnaissables dans le vert clair de l'airial au milieu du sombre tapis des forêts, la ferme du Bout et la maison blanche d'Eglantine. Ils dominaient.

Ce jour-là ils s'enfuirent très vite. Mais le lendemain, à dix-sept heures, c'est Marie Libertine qui servit le thé sous la tonnelle de glycine dans une longue et ronde robe blanche qui avait appartenu à sa très mince ancêtre espagnole. Elle avait relevé sa chevelure, retenue par des peignes d'ivoire en un flou harmonieux sur le sommet de la tête. On voyait pleinement son visage brun aux yeux sombres étirés vers les tempes où frisottaient les plus petits cheveux.

Elle s'assit aux pieds de la comtesse.

La gitane avait disparu.

Elle avait envoyé le valet, son amant, pour une course lointaine.

« A quinze ans le diable était beau... », pensait encore la vieille dame en regardant Jean Edmond s'éloigner vers les écuries.

TROISIÈME PARTIE

L'accomplissement

Quand l'abricotier est en fleur
Jour et nuit ont même longueur.

CHAPITRE 15

Zia la brune.
Histoire des malheurs d'une famille noble.

Zia avait posé sa tête sur l'encolure longue et douce de l'animal, les deux bras enserrant le poitrail. On ne pouvait savoir, à les voir ainsi enlacés, si elle était endormie ou au contraire en éveil extraordinaire, prête à tout à coup soulever son corps léger par-dessus la bête et partir d'un galop de cavalier des steppes.

Jean Edmond ne s'était pas arrêté à la porte de l'écurie et continuait d'avancer lentement. Il pensait qu'elle ne l'avait pas entendu, mais il ne voyait pas ses yeux, ses yeux à elle qui étaient grand ouverts et guettaient chaque bruit.

Quand il se trouva près du poulain, celui-ci eut un mouvement brusque et nerveux à l'odeur de l'inconnu. Le garçon avança la main. L'animal recula. Zia avait relevé la tête et le regardait, tignasse brune emmêlée sur peau sombre par-dessus la crinière grise.

Marie Libertine, qui aimait le silence et craignait la parole, attendait aux pieds de la comtesse.

La brise de printemps frissonnait, rapide, le temps était doux, le ciel crevé de nuages bas aux tons de gris changeant du sombre au lumineux dans une lumière argentée, qui annonçait la pluie ou la longue éclaircie. Le ciel et la terre se reflétaient. Marie Libertine faisait tache claire sur le vert dense de la pelouse redorée, et la robe dont la taille était basse et très soulignée relevait la cambrure de ses reins. Sa poitrine tendre se soulevait sous une douceur étroite de dentelles.

La vieille dame connaissait le pouvoir de la gitane.

Zia avait tendu la main vers Jean Edmond et ils avaient caressé ensemble le cheval qui ne bougeait pas, tendu, elle ne le quittait pas des yeux et pour la première fois le garçon rencontrait un regard aussi fort, calme et impitoyable, que le sien.

La poitrine de la bête était chaude et vivante. Le désir qui lui vint de faire l'amour n'avait plus rien à voir avec le plaisir du corps laiteux de Jacinthe Peau de Rose. C'était une volonté impérieuse, impudique, un vrai désir violent, douloureux, extrême.

Tendu, collé au flanc du poulain dont la chaleur lui remonte le ventre, vertige. Envie de faire mal, de souffrir. Prisonnier du regard il se sentait soumis aux mailles de l'inéluctable.

Zia ne tremblait pas. Elle avait tout préparé. Dans son âme méprisée s'était enfin allumé le feu de la passion inextinguible et elle sut que la malédiction allait commencer de s'accomplir.

La malédiction des gitans.

*

« Ma mère s'appelait Maria Nieve Dolores Villelas de Aranda. C'était une jeune fille blonde à la peau très blanche lorsque mon père alla la chercher dans ses terres brûlées d'Andalousie. Tu as vu son portrait dans la salle de bal. C'est tout ce que j'ai connu d'elle. Elle est morte peu après ma naissance et je suis restée fille unique. J'ai failli partir, moi aussi, d'une mauvaise bronchite, j'avais six ans. Ma gouvernante était sévère. C'était une autre époque, sais-tu. Mais j'ai eu de la chance. Mon père m'emmenait partout et à quinze ans j'avais visité l'Europe, dormi dans des auberges et dans des lits de prince, fait des kilomètres de berline, chassé le cerf dans les forêts de l'aube, dans la brume et les matins dorés. Mon père était grand, fort et généreux. Du moins ainsi le voyais-je. Je jurais comme un homme mais je n'aimais rien tant que les lectures romantiques du dix-neuvième siècle. J'étais très coquette. Chacun au village te le dira. Nous en avions les moyens.

A dix-huit ans j'étais vierge et je fus amoureuse. Nous recevions beaucoup. Papa voulait me marier. Alfonso était espagnol comme ma mère, un intellectuel sans titre et sans argent. Dans les familles comme la nôtre et à l'époque dont je te parle il n'était pas d'usage qu'une jeune fille choisît son époux. Cependant j'étais son seul enfant, son unique et dernier amour, et je tins tête à mon père. Il était fier, je crois, de mon caractère. Il m'avait élevée libre.

J'aimai passionnément mon mari. Ma fille, ne te donne jamais qu'à l'homme dont ton corps ne peut se passer, celui dont ton âme a soif. Nous sommes si seuls, dans l'existence. J'étais à lui et je pouvais rester à le regarder des heures durant. J'étais comme cette gitane qui ensorcelle ton frère en se faisant la prisonnière. Il était beau, et en trois ans nous eûmes trois enfants. La vie était clémente, le château revivait. Mon père vieillissait. Nous appelâmes l'aîné de nos fils Danton, et celui-là seul survécut. Ce qui n'est pas dans la parole est dans le silence. Danton est mort le jour de ses dix-sept ans, la poitrine écrasée par son cheval. C'était affreux. Alfonso, de folie, a massacré l'animal et s'est tué ensuite. »

Un nuage se déchira dans le ciel et un pâle soleil pluvieux vint éclairer la vieille dame.

« Ils m'ont tous quittée, l'un après l'autre. J'aurais dû les suivre. La douleur est à l'image du bonheur, d'une telle intensité que l'on peut y puiser ce courage de vivre que n'ont pas les gens tranquilles. Mon mari s'est suicidé. Mon père est mort de douleur. Il n'y avait plus d'homme au château. J'attendais un enfant. J'espérais un garçon. Mes nuits étaient glacées. Ma vie un cimetière. J'eus une fille. »

Dans la grange le poulain, le pelage haletant, écoutait les respirations étouffées des deux amants couchés sous lui.

Zia ne savait déjà plus comment ils avaient glissé dans l'odeur forte de la litière. C'était inévitable. Et c'était doux. Depuis l'âge de ses premières règles elle ne connaissait que l'étreinte brutale et sans tendresse du garçon d'écurie. Le corps lourd, épais, sanguin, les joues râpeuses, et les exigences sans plaisir toujours plus odieuses et puantes.

Ils ne se quittaient pas des yeux. On eût dit qu'ils faisaient l'amour dans la mesure de leurs regards. Un défi de violence et de possession, à qui maîtriserait l'autre. Jean Edmond avait seulement relevé la robe noire. Il n'avait pas seize ans et la peau encore lisse. Mais le coup de reins dont il la pénétra était celui d'un homme et lui porta la douleur et le plaisir au-dedans du ventre.

A ce moment, de la cour, on entendit hennir la jument.

La comtesse soupira. « C'est le diable qui souffle... » murmura-t-elle. Mais Marie Libertine ne l'écoutait pas. Ses doigts fins se déchiraient sur les soieries de la robe et elle tourna à plusieurs reprises le visage vers les granges.

« Ce que je vais te dire, reprit la vieille dame, d'ordinaire se tait. Anne Laure, ta mère, avait quatre ans. J'en avais quarante passés. Je croyais le corps, mon corps, mort pour jamais. Puis il est passé un homme. C'était un ami de mon fils, en visite. Un homme jeune. »

Zia s'est accrochée jusqu'au dernier spasme, arc-boutée sur ses talons de corne épaisse. Elle a soutenu le regard vert planté en elle jusqu'au bout. Elle est épuisée d'un bonheur à ras le cœur, d'une envie de vomir la vie. La vie d'avant. Le passé. Et la peur. Elle l'a toujours su.

Elle tient ses mains suspendues au-dessus de lui. C'est du respect. A la fois prudence, calcul et vénération. A trop étreindre on perd la proie.

« Alfonso s'enfermait chaque jour dans le bureau que tu as vu, pour écrire. Je ne le dérangeais jamais. A sa mort, j'ai ouvert la porte du cabinet de travail. Ce n'était pas seulement les papiers nécessaires à ce genre de circonstance, que je cherchais. C'était lui. J'ai fait glisser les tiroirs, j'ai fouillé les recoins secrets, j'ai découvert les passages dans les boiseries. Mais je n'ai rien trouvé. Il n'y avait rien. Des milliers de pages, de feuilles, de feuillets, blancs, vierges, vides où s'étaient engouffrées ses angoisses. Alfonso m'avait menti. Peut-être avait-il tout brûlé avant son suicide. Je ne sais pas et je ne le saurai jamais. C'était désespérant. J'ai pensé qu'il avait dû souffrir. Beaucoup souffrir. Il ne restait que du silence, des pensées muettes envolées. »

La comtesse se reposait un peu. Les souvenirs ne l'émouvaient pas. Ils étaient là comme une histoire qui ne lui appartiendrait plus. Tout cela s'était-il réellement passé?

« Jean Marie Gontran de la Renaudière fut mon amant pendant onze années. Il vivait à Paris une existence débauchée, inutile et sotte dont je ne voulais rien savoir. J'appris à faire l'amour pour le plaisir et la nécessité de rester en vie.

Anne Laure était le seul souvenir vivant du passé. A quatorze ans elle était la plus belle fille du pays, mais les malheurs sans doute m'avaient empêchée de vraiment l'aimer. Elle n'y était pour rien et je lui en voulais. Jean Marie Gontran devint son amant. Sans le savoir je le partageai toute une année avec ma propre fille. Je les ai surpris, un jour, dans une chambre de bonne. Nous allons rarement par là-haut... Il était assis sur le lit, les basques de sa chemise, froissées, qui pendaient sur ses cuisses, et elle, à genoux... Tu es jeune, Marie Libertine, ne regarde pas ces choses-là. C'était un lâche. Je n'ai pas eu besoin de le chasser, il n'est jamais revenu. »

La lumière devint gris perle et quelques gouttes tombèrent. La petite pluie n'avait rien mouillé.

« Je l'ai enfermée trois mois dans le château. Pour être sûre. Je ne voulais tromper personne. Les prétendants ne manquaient guère. Pierre Alcide Hazera avait une belle ferme. Vingt-cinq ans, fils unique, très amoureux. C'était un gentil garçon. Un jeune homme frêle et complaisant. Il savait ce qui s'était passé. Je crus qu'il fermerait les déchirures. Je ne pensais pas le pousser à ce désespoir que tu connais. J'espérais encore en ma fille. Le jour du mariage elle était plus pâle que sa robe, et les lèvres décolorées à force de les serrer. Ce jour-là je l'ai vraiment perdue. Elle n'est jamais revenue ici. Quand elle me rencontre au village, elle tourne la tête. Je la tourne moi aussi. J'ai honte. Anne Laure attend ma mort et le château. Elle me déteste. Mais peut-être tout cela est-il de ma faute.

.../...

« Je n'ai pas eu la force de l'aimer. »

Jean Edmond caressait les cheveux de la gitane comme on le fait d'un animal au poil soyeux. Il avait fermé les yeux.

« Je m'appelle Marie Albertine Hazera, dit Marie Libertine qui n'avait jamais autant parlé. Mais aucun de ces noms n'est le mien. Mon père s'appelait Abd'l'rahim. Il n'existe pas. Ma mère, ta fille, est une putain. »

Elle regarde une dernière fois vers la grange.

Mais la fine pluie s'était épaissie. Les nuages s'étaient rejoints et n'en bougeaient plus. Le crachin n'allait pas tarder.

Elles rentrèrent.

CHAPITRE 16

Chouettes et crucifix.
L'enfant-lézard.

C'est au début de l'été qu'ils s'installèrent au château. Anne Laure crut connaître sa dernière crucifixion. Ils emmenèrent avec eux les chats, dont ils peuplèrent leur nouvelle demeure, les oripeaux de leur enfance. Marie Libertine monta sur le toit de la grange détacher une brique de la cheminée, qu'elle enveloppa, dans un chiffon de soie, avec une pierre noircie tirée de l'âtre. Pierre Alcide Hazera, le chauve, le fou, l'ivrogne, le cocu, ne mourrait jamais tout à fait. De là-haut elle regarda l'airial de sa jeunesse, le chemin dans les pins, la bruyère, les champs de maïs, la ferme. On ne voyait pas la porte du cellier, sur le côté. Second exode.

Son baluchon sur l'épaule, elle alla une dernière fois cracher sur le pas de porte de la ferme. La mère frémit en la voyant s'accroupir et uriner au pied du poirier. *Qu'ils s'en aillent*, pensait Eglantine. Ils étaient tétanisés. La mère, la fille, le gendre.

Les ouvriers étaient au champ.

En repassant devant la grange Marie Libertine craqua une allumette et la lança dans la vieille paille sèche et brune. Le feu prit instantanément. Pendant ce temps Jean Edmond, avec un sourire venu de l'enfance, vidait une bouteille d'huile sur la terrasse, au moment où la mère, le gendre et la fille, enfin réveillés, se précipitaient, qui à l'intérieur, qui vers le jardin, sur les seaux, les bassines et le tuyau d'arrosage. Il rejoignit sa sœur en courant. Main dans la main ils s'arrêtèrent à l'orée du bois, dissimulés derrière les fougères.

Un des jumeaux d'Eglantine se mit à hurler. Les flammes montaient, montaient, s'enflaient, léchaient d'une délectable jubilation les murs de la grange. La mère ressortit de la cuisine, glissa dans l'huile, s'étala, se luxa une hanche et se foula la cheville droite. Immobilisée, elle assistait avec une terreur furieuse au désastre. Evangel fut interrompu en pleine séance d'onanisme par les cris d'Eglantine qui courait, inutile, de sa mère à ses fils, de sa fille à la grange, et de la grange aux vaches qui fuyaient vers le pré.

Les jumeaux ne virent pas la suite. Ils étaient déjà partis. L'instant d'après, c'était comme s'il n'avaient jamais été là.

Ils étaient à deux ans de leur majorité et la comtesse fut instituée tutrice légale.

*

Une page était tournée. La marche, la marche et le hasard. Toujours avancer.

Marie Libertine s'installa dans la chambre de l'Espagnole, au premier étage. Elle avait monté sans fléchir l'escalier quatre à quatre et jeté ses affaires et ses chats sur le tapis, prenant possession de la pièce. Il y avait là un lit à baldaquin, haut et court, aux courtines fanées, des tentures de velours sombre, une penderie grande comme une vraie pièce avec des robes de mousseline, des jupes simples de calicot, des manteaux de fourrure, des mouchoirs brodés et des draps de coton épais, raide comme jute.

Le premier soir elle fut comme hébétée. Anéantie d'une sourde inquiétude qui avait le goût d'une inévitable réalité. Pour la première fois depuis l'épisode du collège elle se trouvait séparée du sommeil de son jumeau. Elle était seule et ce luxe l'étouffait, qui avait l'odeur du temps sur les murs. Elle regrettait et ne savait pas quoi. Elle avait mal. Peut-être la peur, *cette peur* de la mort. Elle garda serré le baluchon de soie. Elle savait la gitane dans le lit de son frère. Une faille lézardait le plâtre du plafond, avalant tout le noir de la pièce. Son regard ne pouvait s'en détacher. C'était comme un vide, un vertige. Elle pleura.

Les choses s'arrangèrent un peu lorsque, à l'hiver, le papet Mougeot s'éteignit lentement, sans bruit, au cours d'une sieste. Désormais orpheline, Muette vint s'installer au château.

Jean Edmond couchait au rez-de-chaussée, dans la chambre royale, sur un lit étroit et militaire, une couche dure montée sur sommier de bois où s'étaient reposés ses aïeux, les courtes nuits qui précèdent les départs pour la chasse dans les aubes brumeuses de ce désert des Landes.

La gitane était sa maîtresse.

*

Et le valet de ferme, cocu. On dit de l'histoire que toujours elle se recommence.

*

Zia garda jalousement sa paillasse devant la porte cloutée de velours de la comtesse. Chaque soir, au cri de la chouette de minuit qui répondait aux douze coups de l'horloge, elle se levait silencieusement et rejoignait Jean Edmond. Camila, atteinte de cette insomnie propre à la vieillesse qui semble ne plus dormir que pour mieux guetter, insidieuse, l'approche de la mort, entendait le doux feulement de ses pieds de gitane sur le plancher craquant.

Zia traversait, tête fière et regard obstinément lointain, la grande salle de bal, évitant par une crainte superstitieuse de se regarder dans la série de miroirs où se reflétent la lune et l'ombre des fantômes. Elle descendait l'escalier aux colonnes de stuc, sous ses pieds le marbre froid, retrouvait son amant. Ils ne dormaient jamais ensemble. Ils faisaient l'amour puis elle retournait, pleine d'un désir jamais satisfait de cet homme qu'elle aimait, aussi sûrement que le lierre s'accroche à l'arbre, prête à l'étouffer plutôt que de le quitter, elle retournait s'enrouler en chien fidèle devant la porte de sa maîtresse, frissonnant encore sous le rêve de ces mains qui la caressaient d'une douceur jamais rencontrée auparavant. Mais, avant de le quitter, elle feignait quelques minutes de s'endormir en lui, fermait enfin les yeux, abandonnait la lutte, savourait la jeunesse de sa peau, la force de ses muscles, le plein de leurs respirations apaisées, retrouvées, unies, la liquéfaction épaisse et chaude entre ses cuisses. Jean Edmond ne pensait pas. La jouissance lui vidait l'âme et les rancœurs. Il lui était reconnaissant de l'offrande de son corps souple qui résolvait, dans les ombres de la nuit, ses angoisses. Passaient le petit pont de bois, les souvenirs d'autrefois, anesthésiés.

Un jour viendrait où « l'autre » saurait. Elle ne le supportait plus.

*

Le jour vint, par une après-midi de juin. Marie Libertine

reposait dans sa chambre espagnole quand elle entendit, du côté des étables, le hurlement du chien, le hennissement affolé du poulain et le brusque cri modulé qui sortit, au moment même, de la gorge de la gitane. L'esprit ensommeillé elle imagina un instant, comme une prémonition impossible, que la tribu, partie loin sur les routes de la transhumance et de la rapine, allait réapparaître, troupe d'enfer de la vengeance et de l'honneur, sur le chemin de grave que la chaleur faisait trembler. C'était une idée folle. Elle dormait encore. Elle se précipita, persuadée qu'ils venaient pour tuer son frère.

Mais il n'y avait pas de gitans dans la cour et les amants, allongés dans le foin, s'étaient laissés surprendre par le garçon de ferme.

Zia tenait en permanence sur sa cuisse gauche un rasoir effilé protégé d'une gaine en cuir de chameau marquée de signes cabalistiques, rattachée à la peau par une cordelette enduite, épaisse et dure, du sang de ses premières menstrues. C'était avant qu'on ne la vendît.

L'homme était entré sans bruit dans l'écurie. Il avait saisi une fourche et tenté de transpercer l'infidèle, qui était son esclave — il l'avait achetée, payée, autrefois —, et qui était allongée, chatte noire impudique, exposée, sur le corps de Jean Edmond. Mais elle, avait lu, dans les yeux du jumeau, la présence de l'homme. Elle a fait volte face, s'est précipitée par le côté, comme pour l'éviter ; c'est sa vie qu'elle défend. Dans le mouvement elle s'est emparée de la fourche, vivement, par surprise, qu'elle projette loin dans le foin, comme un javelot, le corps pivotant sur l'appui formidable des pieds. L'instrument était lourd. Cela avait donné à Jean Edmond le temps de se ressaisir, de rouler dans la paille et de bondir plus loin.

A l'instant où Marie Libertine surgissait dans l'écurie son frère évitait, comme par jeu, grâce à cette ruse et cette souplesse qui l'avaient rendu, jadis, supérieur à tous les garçons du village, l'énorme et aveugle puissance du valet de ferme. Il courait en tous sens, sautait, virait, bondissait, s'accrochait aux poutres. L'autre était comme fou.

Puis l'homme resta un moment immobile. La tête lui tournait de ce tourbillon, cette valse qu'on lui faisait danser. Et la rage. Son visage était congestionné. Marie Libertine eut peur. Ses yeux sont sanguins. Elle pousse un cri. L'homme ne l'a pas entendue entrer et se détourne, surpris.

A la seconde même Zia lançait le rasoir qui se planta dans l'oreille droite de l'amant trahi. Quand elle réussit à reprendre son arme, le lobe suivit et l'homme s'enfuit, talonné par la fourche que tenait Jean Edmond, abandonnant sur la paille un grand morceau déchiré de son oreille sanguinolente.

Le garçon d'écurie continua de rôder tout cet été-là autour du château. On trouvait au matin des chouettes clouées sur les portes ; des crapauds et des corbeaux, yeux crevés, dans l'abreuvoir à vaches ; des œufs pourris aux endroits symboliques consacrés par la sorcellerie millénaire ; des couteaux croisés sur la grange ; des cordes nouées maîtresses du destin ; et le chien, le chien innocent, un beau matin de septembre, agonisant, les deux oreilles et la queue retenues au sol par des piques, ses bons yeux moribonds tournés inexorablement vers le château. La fermière, horrifiée, conjurait le sort comme on le lui avait appris. Elle attrapait les objets maléfiques, les bêtes maudites, du bout d'une fourche et lançait le tout dans des brasiers. Le feu était censé consumer et l'objet et le mal dont il était chargé. Elle planta devant sa maison basse une véritable forêt de crucifix.

Elle avalait, chaque jour, et surtout sans respirer, son bon litre d'eau bénite. Elle en avait fait consacrer une barrique dans un village voisin où le curé était connu pour sa pratique de désenvoûtement. Elle semait du sel à tous vents. Elle ne quittait plus la Bible usagée sur laquelle elle avait versé les larmes de sa stérilité. Jean Edmond ricanait. Ni lui ni la comtesse ne croyaient à la malédiction du destin. L'homme seul fait son malheur.

Zia avait rapatrié ses chevaux dans la cuisine.

Enfin la gitane exulta lorsque le premier faux pas fut accompli. Comment avait-il réussi, lui, l'homme banni, l'homme à la seule oreille, à pénétrer dans le château ? Peu importait. Un jour, un lendemain de pleine lune, la chevêche était clouée dans la chapelle, sous le Christ. Il avait signé sa mort. Il était clair pour la gitane que le sort se retournerait contre lui. Irrémédiablement. Pour plus de précaution elle se mit à passer ses nuits dehors, à guetter. Epuisée par les fantômes de l'insomnie, hallucinée par l'attente, fière et déterminée à protéger le seul, le premier, l'unique bonheur que la providence lui eût offert, ce qui devait arriver arriva.

Et c'est ainsi qu'un beau matin, un vraiment beau matin d'avant l'automne, quand la terre fume au réveil du jour, dans l'aube du chant des coq, la fermière, qui se levait tôt, poussa un cri en voyant l'homme. Il se balançait à la poulie du puits, les pieds ballants dans le vide.

L'oreille gauche, l'autre oreille, était sectionnée et pendait sur sa poitrine comme un talisman punitif d'où le sang noir goûtait encore lentement.

Jean Edmond enterra discrètement le corps. Il attela la jument et partit seul vers la forêt domaniale envahie dont il commençait, à l'image de Zia, de connaître les passages. La gitane brûla les vêtements. On n'appela pas les gendarmes ;

ni le médecin ; ni monsieur le curé ; la fermière ne dirait rien ; son mari n'avait rien vu, avait semblé ne rien voir. Cet homme, qui parlait peu, ne parlerait pas. Il repartit, ce matin-là, comme si de rien n'était, aux champs et à sa solitude. Il avait un nouveau chien, une jeune bête heureuse et spontanée.

Car il n'y avait pas de doute. Sous la corde illusoire chargée de tromper le malin davantage qu'une éventuelle inquisition policière, la carotide était tranchée d'un coup, net et précis, de rasoir. Une béance impeccable. L'arme, nettoyée, rengainée, était retournée sur la cuisse de Zia.

L'hiver passa. On porta l'homme disparu. Les gendarmes qui vinrent au château s'inclinèrent et presque s'excusèrent devant la comtesse Marie Camille Emmanuelle Aiguevive de Bonnegarde, impassible. Marie Libertine et la silencieuse Muette s'étaient éclipsées. Jean Edmond se tint devant la cheminée, altier. Il parla peu. Zia était enceinte.

*

Elle accoucha en juillet d'un garçon malingre au corps couvert d'écailles. Il lui fut facile de l'étouffer sans souffrance. Tout ce qu'il y avait d'humain, dans cet être préhistorique, était une immense paire d'yeux, sévères et adultes, verts, les yeux de son père.

On l'enterra près du lavoir. On lui fit une tombe, et les lézards, les salamandres, prirent l'habitude de s'y promener. On l'appela « l'enfant-lézard », il n'eut jamais d'autre nom.

La comtesse approuva. Elle avait connu d'autres atrocités, tant de malheurs qu'un enfant lézard n'était pas pour lui faire peur. Cependant elle pria la gitane d'envelopper le corps du monstre dans un linge qui avait appartenu à son fils Danton.

On le bénit, tout simplement, dans la chapelle, Bible ouverte, sans curé, et Muette pleurait. On glissa une médaille de la Vierge dans son reposoir. Le sang des Aiguevive avait coulé, peu certes, mais coulé, dans ses veines. On ne l'oublia pas. On lui portait des fleurs. Sa tombe devint un banc de pierre à l'ombre du saule pleureur. Zia ajouta sur sa cuisse une écaille dorée.

Marie Libertine vomit pendant deux jours. Elle devint grise. Elle ne remercia pas le destin d'avoir porté ce coup terrible à son ennemie. Elle avait peur. Elle revoyait le diable danser dans la cheminée et le filet de sang couler des lèvres mortes du père Hazera.

CHAPITRE 17

Jonathan Boucles d'Or.
Changeons de sujet.

Deux années ont passé.

Ce jour-là, Marie Libertine est tout en haut, dans la pièce au sommet de la tour. Elle aime cet endroit, l'escalier qui y monte, le vent, le vent puissant qui lui offre le monde. Elle a déjà rêvé de partir.

Pendant ce temps, Sophie approchait du château dans sa jolie voiture décapotable, un cadeau d'anniversaire de ses futurs beaux-parents, qui s'étaient entichés d'elle. Ils l'entendirent arriver de loin. Les véhicules à moteur étaient rares dans cet endroit, sur cette route qui n'aboutissait pas et se perdait en chemin dans les bois. Zia, dans l'écurie, étrillait les chevaux, dressa l'oreille. Au même moment la comtesse, dont l'ouïe restait fine, posait un doigt sur ses lèvres pour imposer le silence à Marie Libertine surgissant de la tour. Jean Edmond sortit, traversa la cour, s'avança sur la route. Le destin, le mauvais destin, qui depuis deux ans se taisait, pouvait à nouveau surgir. Au château on n'aimait pas les visites. Seul Gentin, propriétaire de trois voitures et de quelques « fiancées », venait parfois par ici. Mais il arrivait à fond de train, frimeur jusqu'au bout. Jean Edmond l'identifiait entre mille. Le fils du maire amenait ses amies, faisait l'épate du lieu historique, de la comtesse, du poulain « El Diablo », de sa mère, la jument, nommée « La Golondrina », de la gitane brune, de ses amis les jumeaux, racontait en cent détails triviaux l'histoire extraordinaire de ces petits bâtards de noblesse provinciale.

Mais cette voiture qui s'avançait sur la route, qui, invisible, n'avait pas encore tourné le dernier virage, cette voiture avançait lentement, prudemment. Le bruit du moteur en était inconnu. Marie Libertine, du haut des créneaux, n'avait rien vu que l'éclat du pare-brise face au soleil, disparaissant dans les pins pour reparaître, aveuglant.

Ce ne pouvait être Gentin, Jean Edmond le sut tout de suite.

Il marcha sur la route de grave aux fondrières ocre. Les pieds chaussés de bottes cavalières, ses maintenant très longs cheveux noirs flottaient dans son dos. Jean Edmond avait gagné une beauté d'homme. Ses yeux étaient devenus perçants et durs. Un pli amer barrait sa bouche jeune.

Zia s'allongea précipitamment derrière la tombe de l'enfant-lézard, en posture d'épier. Elle ne se montrerait pas. La fermière haussa les épaules à ce manège habituel : « Elle est folle, celle-là », dit-elle tout haut. Elle essuya ses mains au tablier, arrangea ses cheveux, attendit, lissant à rebrousse poil sa moustache épaisse du bord de l'index.

Marie Libertine transporta diligemment le siège de la grand-mère sous la tonnelle de glycine, la fit asseoir et se tint debout, très droite, à ses côtés, une main sur le dossier haut et l'autre caressant distraitement les cheveux légers dans son cou. Elle portait une robe entièrement blanche. Quand il la voyait, si belle, Jean Edmond tournait la tête. C'était un jour d'avril. Les nuages s'amoncelaient dans l'ouest, portaient un vent de mer fleuri de sel, d'écume et de liberté.

Muette n'entendit rien. Depuis dix jours elle avait entrepris de restaurer la chapelle. Elle y employait le bleu et l'indigo, l'or, l'ocre, le blanc. Mais elle n'était pas seule. Jonathan le berger faisait les plâtres, montait par l'échelle au ciel étoilé de la voûte. De temps à autre il s'arrêtait pour la regarder. Elle s'arrêtait aussi. Muette avait une très vive perception des autres, de leurs mouvements, de leurs sentiments. Ils se regardaient, se souriaient, se rejoignaient.

Jonathan le berger était arrivé au château un soir d'orage de fin d'automne. Jean Edmond seul était encore debout, du moins le croyait-il car Marie Libertine, penchée à l'étroite fenêtre de la chambre espagnole, ne dormait pas non plus, et avait entrevu avant lui, dans un éclair jaillissant de pluie battante, la longue coulée désordonnée des moutons pressés derrière leur maître. Elle vit aussi Jean Edmond descendre dans la cour. Les deux hommes se rejoignirent auprès du puits.

Le berger portait des cheveux longs et bouclés, il était grand, solide, le visage carré sous le capuchon d'une houppelande de laine brune, portant à la main le long bâton des Landes. Ce qui frappait surtout c'étaient ses yeux très bleus, presque blancs. Il passa l'hiver au château. On l'appela « Boucles d'Or », cela semblait naturel. Il était américain et en réalité se prénommait Jonathan.

Jonathan Boucles d'Or n'était pas avare de mots et l'on sut bientôt tout de sa vie. Né dans l'État de Caroline du Sud, nourri au pop-corn, abreuvé de coca-cola et d'audiovisuel, il avait fait partie de cette génération d'enfants-rois de l'âge d'or américain. A vingt ans, comme d'autres, question d'époque, il avait pris la route et s'était fait beatnik; la *génération foutue* avec ses rêves dans les yeux. Il avait descendu le continent jusqu'à la Terre de Feu, fait cent métiers, mâché du peyotl, bu le mescal, avalé la tequila, le sel et le citron, fréquenté des dockers, pleuré sur les Indiens, dormi sur les trottoirs, vu trois révolutions et un meurtre à mains nues, fumé la golden-grass et pris cinq kilos de muscles pour en avoir perdu quinze de bonne graisse nord-américaine. Il avait fini par s'embarquer au Venezuela sur un cargo en partance pour l'Europe. Là, il avait rattrapé la vague hippie, rencontré Jack Kerouac, gagné la Grèce, la Turquie, puis l'Inde et l'Himalaya. Il avait maintenant près de quarante ans et ne pouvait se résoudre à rentrer. Depuis vingt ans il n'avait pas écrit à sa famille. Sa route arrière s'était arrêtée en France, où il avait pris goût au saucisson à l'ail et au vin de pays. De cinq bêtes au départ, quatre brebis et un bélier, échangés contre de l'or thaïlandais, il avait vu son troupeau s'agrandir, avait longtemps vécu en Provence, appris à fabriquer le fromage, transhumé solitaire sur les sommets pyrénéens, hors de frontières, libre. Cet homme vivait de rien. Il disait qu'il avait un don. Il croyait à l'existence, inéluctable, radieuse, de l'âme. Il disait aussi qu'il avait vu Dieu. Il était certainement un peu fou. Avec lui, ils crurent visiter la Terre entière. Zia l'écoutait sans rien dire ; elle connaissait tout du voyage, cette coulée incessante, ancestrale, dans ses veines.

Muette exhuma la seule photographie qu'elle tînt de sa mère. Juchée sur une bicyclette, en robe des années soixante, c'était une jeune fille court vêtue, à la coiffure « bombée ». Impossible d'imaginer la femme qu'elle pouvait être maintenant. Boucles d'Or secoua tendrement la tête. C'était grand, l'Amérique...

La jeune sourde aurait pu être sa fille. Elle était devenue jolie. Un seul hiver et l'amour protecteur de cet homme paisible la transformèrent. Il pouvait lui parler n'importe quelle langue, elle comprenait. Toujours mince et gracieuse, elle finit par laisser sa poupée et ils devinrent amants. Elle s'occupait dans le château de tout ce qui venait de naître, du tendre et du fragile, des agneaux, les oisillons tombés du nid, de ce qui était à venir, à s'accomplir, les étoiles dorées au ciel de la chapelle. Ses cheveux blonds la faisaient ressembler à une version lilliputienne de l'Américain. Dans ses bras elle disparaissait. D'une seule main il faisait le tour de son cou gracile. Mais il n'aurait pas fait de mal à une mouche. Ce printemps-là, dans la petite église, elle était enceinte, et il caressait son ventre comme l'étamine à éclore d'une fleur de rosée.

Sophie stoppa la voiture en plein milieu du chemin. Il y avait peu de chances, pour ainsi dire aucune, que quelqu'un voulût passer. Jean Edmond, planté, ne bougeait pas. Elle avait arrêté, par jeu, le véhicule au ras de ses bottes, et elle souriait déjà, de derrière son volant, à ce jeune frère inchangé, téméraire, beau.

Elle descendit. Elle était vêtue d'une robe noire gansée de blanc, avec un boléro court de fourrure et une toque ronde sur ses cheveux artificiellement blondis. Elle lui lança une chiquenaude sur la joue en guise de baiser, quelque chose de léger et de doux. « Arrête de me regarder comme ça, chat sauvage, tu me fais peur », lui dit-elle, et comme elle souriait toujours il lui sourit aussi ; il l'aimait bien, cette sœur.

Quant à Marie Libertine, raide au côté de l'ancêtre comme pour un portrait de famille, d'aussi loin qu'elle la vit et la reconnut, elle bondit comme un chamois, traversa sans respirer la pelouse humide, la rejoignit entre les deux lynx de pierre et se jeta sur elle au risque de la renverser. Car Sophie, malgré ses talons hauts, était plus petite d'une bonne tête que sa jeune sœur, longue et souple, une panthère aux yeux fendus accrochée comme un bébé à la pâquerette dorée et parfumée des trottoirs de la ville.

Sophie fut aussitôt, comme toujours, comme partout, à l'aise. Grâce à elle il n'y eut pas de ces embarras qui succèdent parfois, souvent, aux trop longues absences. La joie était au château. Elle s'avança, Marie Libertine à son bras, vers la grand-mère, se présenta, lui baisa la main, puis la joue, papillonna, accepta le thé, et finit par s'asseoir dans le salon du premier étage alors que les nuages montant de la mer, grossis, poussés par un vent tour à tour violent ou affalé, un vent d'orage, annonçaient la merveilleuse et tournoyante tempête. La vieille dame, amusée, charmée, conquise, et qui ne manquait pas d'humour ni de saine méchanceté, apprécia particulièrement lorsque Sophie, interrogée sur sa mère et son frère Evangel, émit des grossièretés dignes de la plus pure et intransigeante aristocratie. Elle fut digne, aussitôt, d'être de la famille.

Elle visita le château, voulut tout connaître, tout savoir. Elle avait apporté des présents de la ville. Elle plaisanta Marie Libertine sur son mutisme persistant, flatta la grand-mère, admira le travail de Muette, discuta longuement avec Jonathan l'Américain, resta souper et enfin parla mariage. Il fallut s'y reprendre à trois fois avant que la vieille Camila, saoulée par cette agitation, comprît de quoi il s'agissait.

Si Sophie avait décidé de se marier, ce n'était aucunement par souci de respectabilité, dont elle s'était fichue dès son premier soutien-gorge. Ce n'était pas non plus, comme cela avait été le cas pour sa sœur Eglantine, par une nécessité urgente. Non, ce ne fut rien — et c'était beaucoup — que par romantisme ; ou par amour, si l'on veut. Son pharmacien n'y put rien. Elle s'était mise à le trouver vieux, triste, ennuyeux ; les cadeaux, les robes, les bijoux, les sorties, elle s'en était lassée, et depuis plusieurs mois déjà elle se montrait boudeuse, méchante, perverse même ; ce qu'il supportait à la manière de ces chiens fidèles qui semblent attendre avec un certain bonheur résigné que l'on finisse par leur casser l'échine en deux, pliée vers l'intérieur sur le cœur en morceaux, une sorte de mort et résurrection par la souffrance, ce qui est encore vivre, et c'est encore l'amour.

Sophie n'était pas une ingénue. Le romantisme a ses limites. Elle savait quoi demander à la vie et comment l'obtenir. Ce n'est donc pas vraiment par hasard qu'elle tomba véritablement amoureuse de Mathieu Ménéguel, son futur époux.

Mathieu vivait dans un loft, portait des vêtements amples de soie bleue ou blanche, l'été, de laine brune, rouille, ou indigo dans l'hiver et l'automne, avait les cheveux courts, les mains fines, et était en passe de devenir avocat. Le pharmacien, à côté, tombait bien bas dans les égouts du mercantilisme. La profession parut belle à Sophie, noble, généreuse, libre, et surtout ambitieuse. Elle l'était aussi. Elle n'aurait pas épousé un rêveur. Gâté par la vie, de l'humour, aucun scrupule, tel était Mathieu, fils cadet de la bourgeoisie vinicole, brillant et léger, prodigieusement intelligent, bohème et confortable.

Ils s'étaient connus dans une soirée spéciale, il faut bien, comme on le dit, que jeunesse se passe, rien que du beau monde, des rejetons de bonne famille qui s'encanaillaient en prisant la très coûteuse cocaïne, en sirotant du whisky douze ans d'âge, en se saoulant au champagne gris, en faisant l'amour dans des salons de luxe, sur des tapis de Chine ou de Perse, avec musique indienne, percussions africaines, symphonies classiques ou hard-rock décadent, et surtout avec qui l'on voulait. C'est ainsi que Sophie, par hasard, qui était venue accompagner une amie, échoua dans les bras de Mathieu en sortant, tout chaude et sucrée, de ceux de Pierre et de Benoît, et qu'elle y resta.

Pour eux la vie fut gaie, et quand Sophie voulut un enfant, Mathieu, lui, voulut se marier. A part cela, ils voyaient l'existence plutôt de la même couleur, genre bulles de champagne sur fond rosé de petit matin.

La famille Meneguel voulait un grand mariage. Du jour où Sophie dévoila ses origines titrées, il n'y eut plus aucun obstacle.

Il fut donc entendu avec Jean Edmond et la comtesse que la réception aurait lieu au château. La famille de Mathieu se chargerait des frais inhérents à une telle cérémonie. On avait prévu deux cents invités, à quoi s'ajoutaient traiteurs, serviteurs, musiciens, son et lumière, feu d'artifice, chambres d'hôte, y compris les diverses réparations que nécessiterait la vieille demeure.

Toute la soirée Zia resta accroupie dans son coin de cheminée. Elle semblait considérer, elle, la noiraude, avec mépris, cette parleuse blonde venue de la ville qui gaspillait ses pensées en paroles futiles, et sa beauté en artifices. Mais elle sentait aussi en Sophie, la gitane intuitive pourchassée par le malheur, cette vie solide, cette aptitude à la sincérité qui fait les gens heureux, raisonnablement puissants, raisonnablement sensibles. Avant la fin de la soirée elle était, comme les autres, conquise.

Il n'y avait entre Zia et Jean Edmond aucune marque ouverte de complicité. Le jumeau se refusait à exprimer leur intimité hors des lieux où ils se trouvaient seuls. Et cependant Sophie sut très vite qu'ils étaient amants, à la tonalité fiévreuse, ardente, violente, du regard de la gitane sur ce jeune frère de dix-huit ans, ce nouveau maître du château, cet orgueilleux indifférent.

Car elle remarqua aussi, inévitablement, pour les connaître depuis l'enfance, et comme par contraste, la perpétuelle connivence sans mots des jumeaux, leur beauté mimétique, leurs fiertés emmêlées, et elle comprit pourquoi la haine dominait tout autre sentiment dans la passion indissimulée de Zia.

Lorsque Jean Edmond raccompagna Sophie jusqu'au chemin, la pluie s'était enfin mise à tomber. L'air était presque chaud dans de longs tourbillons de vent. Il y aurait, cette nuit, des grenouilles sur la route, dans les champs inondés. Le jumeau avait pris une grande bâche sous laquelle ils s'abritèrent. Ils coururent ainsi, tous deux, pliés sous le plastique. A plusieurs reprises il dût soutenir sa grande sœur, car elle trébuchait, s'enfonçait, se tordait les chevilles et glissait, sur le sol instable, inégal, et sur ses talons hauts. Des éclairs déchiraient la nuit, révélaient instantanément la masse énorme d'un nuage noir emplissant le ciel.

Sophie monta précipitamment dans sa voiture et baissa la vitre. Jean Edmond se tenait droit près de la portière. Elle le trouvait si différent... Le temps avait passé. Ces yeux verts, ces immanquables yeux verts... Elle faillit lui parler de Zia, lui demander, de son ton désinvolte : « Alors, et toi, à quand le mariage... ? »

Mais elle se tut. Le regard noir de la gitane. Les silences de Marie Libertine. Sa jeune sœur avait tout d'une vierge en attente. Le malaise imprécis de ces trois-là...

« Salut, Jean Edmond, à bientôt... » Elle démarra, fit un demi-tour imprudent et pressé. Elle enfonça une cassette. Les pins ruisselèrent d'une eau argentée dans le faisceau des phares lorsqu'elle tourna le premier virage. Et disparut.

La vie, la vie tout simplement qui consume le temps, flammes et braises douloureuses jusqu'à l'extinction.

« Jean Edmond… *il doit bien faire l'amour…* », pensa-t-elle, et elle rit, tout haut, de cette pensée impudique. Puis elle allume le plafonnier pour se regarder sourire dans le rétroviseur. Elle se régale quelques minutes encore de réflexions tendres et amorales. « Si Mathieu m'entendait… » La double image également brune de Zia et de Marie Libertine flotte dans le va-et-vient des essuie-glaces. La cassette se termine.

« Changeons de sujet », dit-elle encore. Et elle fut surprise, effrayée tout à coup, par le ton grave de sa voix solitaire.

CHAPITRE 18

La déchirure et le bas du jupon.
Je sais...

Jean Edmond a plaqué sa main sur la bouche de Marie Libertine qui allait crier. L'autre main, celle qui déjà soulevait la jupe et partait explorer les dessous, s'est rétractée. Jean Edmond a eu peur. Jean Edmond a eu honte. La colère aussi pourrait se lire dans ses yeux aux reflets venimeux si l'obscurité n'était si totale. La rage est immense. Jean Edmond est ivre. Il a beaucoup bu aujourd'hui. Beaucoup fumé, aussi, avec les amis de Sophie. On l'a aimé, il a désiré. S'est fait admirer. Les atomes de sa conscience sont dispersés, anarchiques, libérés. Il a des lèvres pour la boire, dans les frisures brunes du cou. Il a tenté l'oubli, la démesure. Elle a voulu crier. Alors il a plaqué la main sur sa bouche ouverte, alors il l'étouffe. Il étouffe le cri, il a honte et il l'aime. Il la perd.

C'est l'heure du feu d'artifice. La journée a été folle. Les gerbes d'étincelles éclatent dans le ciel. Traîne une odeur, excitante, asphyxiante, de poudre. Les peupliers se balancent dans les illuminations fugitives. Elle, voudrait, à cet instant, mourir. Ne plus exister. Ne jamais avoir vécu. Et pourtant elle respire encore cette main qui la tient. C'est peut-être un baiser. Un drôle de baiser. Elle va mordre. Il voulait oublier. Elle a eu peur. La colère de l'impossible.

*

Le soleil était fort et gai, ce matin, lorsque le cortège est sorti de la petite église romane du village. Pas moins de trois cents participants, dont la moitié a dû rester dehors. Sur le parvis, sur la place, se pressaient les curieux, les fervents, les retardataires, les amis fidèles, les voisins. Les petits enfants bien vêtus sont juchés sur les épaules. D'autres, les garnements, jouent entre les jambes. Car le temps a passé et encore des enfants, des gamins indociles, pourchassent les fourmis laborieuses, se rient des grandes personnes et mettent du vinaigre dans le vin du curé. Des flocons légers de cirrus font neiger le ciel d'été. Les deux cafés, dans la chaleur riante d'août, sont pleins.

Ceux du château ont fait sensation. Jean Edmond d'abord est arrivé au grand galop freiné brutalement dans un nuage de poussière de sable, El Diablo écumant, hennissant, crinière et queue de cheval de l'homme libres, envolées dans la course. Heureux. Beaux et heureux.

C'était ce matin et les cloches sonnaient. Ceux de la ville attendaient, avec leurs yeux tout neufs.

La Golondrina, rebelle, harnachée de rubans et de fleurs, attelée, renâclante, à l'unique voiture présentable qui soit au château, a suivi. Marie Libertine tient les rênes. La comtesse, toujours aussi ridicule, hors du temps et des modes, arbore une robe de taffetas violet incrustée de perles blanches, de vraies perles, ce qui fait jaser, sur la tête une mantille rouge à l'espagnole, son ombrelle à la main et qui lui sert de canne.

Muette est enceinte de huit mois. Elle a choisi, lentement,

avec respect, une vêture plus ridicule encore que celle de Camila, un costume d'enfant modèle du passé, qui lui va à ravir, avec des pantalons de dentelle, une jupe de popeline blanche, et surtout ce tablier de calicot bleu haut sous les seins, qui se termine dans le dos par un énorme nœud de rosette aux longs pans. Elle s'est abondamment poudré le visage et cerné le regard d'un khôl noir et brillant. Elle porte fièrement son ventre. Ses cheveux blonds sont relevés, ses yeux très clairs de menthe fraîche ont la pâleur de l'eau sous le maquillage. Jonathan est resté au château. L'Américain parle directement à Dieu, parfois même à voix haute. Il n'a pas besoin des églises. Il n'aime pas les parades. Ils ne sont pas mariés, elle semble toujours une petite fille, ainsi vêtue, avec son ventre impudique et son bonheur muet. Il est vrai qu'elle vient tout juste d'avoir seize ans.

Marie Libertine a sauté du cabriolet. Sa robe, étagée de volants sous la taille, est noire superposée de vert d'eau. En descendant, trop vite, elle l'a accrochée à un morceau de ferrure rouillée. Elle a dit: « Mè-rde! »; ce seront, pour la matinée, ses seuls mots. Le bas du dernier jupon est déchiré. Tout en jurant elle lève les yeux et rencontre, très loin, au-delà de la foule amassée, précisément fixé sur elle, le regard de Jérusalem Forest appuyé contre un mur. Il la dévisage. Elle a rougi. Son front est cerné d'une parure d'émeraudes et ses cheveux, alourdis, tressés de perles, cascadent dans son dos, se détachent au niveau exact de la cambrure des reins pour aller caresser les volants de la jupe. Elle porte un drôle de sourire.

A coté d'eux madame Hazera le fut véritablement, inévitablement, ridicule. Elle avait pensé faire mode en raccourcissant une robe qui maintenant tiraillait sur son ventre ménopausé. Elle se montrait vieille avant l'âge et laide pour toujours. Une parente pauvre.

Quelques regards sans équivoque glissèrent sur le vertige grassouillet des chairs d'Eglantine. Son benêt d'époux en restait très fier. Ces hommages attisaient son désir. Moulée dans une robe rose, la même moiteur sensuelle jute toujours abondamment du corps de la fille aînée.

Evangel tient le bras de sa mère. Il en a un peu honte mais ne le dira pas. Il est, depuis l'enfance, comme Eglantine, un obligé d'amour et de respect filial. Il porte une beauté pâle et fatiguée qui le rapproche, physiquement, en plus languissant, de sa sœur Sophie. « Evangel, le vierge de femme », dit la cadette, qui ne se trompe pas et fait de la poésie comme on fabrique le bonheur, par instinct.

A peine quelques regards vite détournés furent échangés entre les deux clans familiaux. Sophie entretient seule un lien artificiel. Cependant Marie Libertine s'était raidie en face de sa mère, elle avait perdu un instant ce sourire intérieur, cadeau d'un homme et d'un bas de jupon, et quelques invités de la ville furent étonnés en voyant cette jeune fille étrangement vêtue, étrange en elle-même, et belle, cracher par terre.

Zia est restée au château. Elle attend. Marie Libertine lui a prêté une robe. Elle n'a rien demandé. La robe est dorée, jaune et dorée comme un soleil. Ses cheveux ne sont pas peignés, avec les mèches rousses, les épis blonds, sur le sombre épais, laineux. Elle est mince et petite. On dirait une robe de princesse, elle ne sait pas pourquoi. Ce matin, elle est partie glaner dans les champs, le long des sentiers, un bouquet foisonnant de fleurs blanches. Une vingtaine d'espèces différentes, des grosses en corolle, des légères aux pétales comme des papillons, et surtout, et plus exactement, car pour la gitane tout acte sécrète son symbolisme propre et sacrément capital, d'un nombre correspondant aux vingt-cinq années d'existence de Sophie, qui est aussi le compte de sa vie.

Elle attend, plantée sur ses pieds nus, près de la tombe de l'enfant-lézard. Elle ne désespère pas, pas encore, de tromper le malin. Déjouer le destin auquel elle croit et de ce fait, peut-être, se met à exister. Jean Edmond, qui arrive le premier de la sortie de messe, éprouve une surprise électrique quand il la voit, flavescente dans ses soieries, elle qui va toujours du noir des âmes maudites, toute brune dans sa peau que relève la clarté safranée de la robe, son bouquet de vingt-cinq fleurs immaculées de l'été dans les bras. Zia a tremblé, imperceptiblement. Elle esquisse un sourire, vite effacé. De ceux qui restent en suspens et que l'on regrette, inutiles. A peine l'a-t-il regardée. Il dirige le cheval vers l'écurie, secoue d'un mouvement de tête cette vision nouvelle, qui lui déplaît, de la gitane.

Le cortège tourne le portail entre les lynx de pierre. Les véhicules sont restés sur le chemin de grave. Zia n'a pas bougé. Elle attend. Et lorsque Sophie apparaît, rieuse, au bras de Mathieu qui lui parle à voix basse, la gitane s'avance et offre à l'épousée, la chanceuse, son bouquet de symboles. Cela fait tout à coup comme une ombre soudaine, malgré la blancheur tout autour et les toilettes sous le soleil. Puis elle s'enfuit. Elle s'enfuit rejoindre à l'écurie la toison rassurante d 'El Diablo. Et son amant. Le cœur de Sophie s'est un peu serré. Elle pressent, elle a compris maintenant le malheur que Zia porte en elle.

Dans l'écurie il lui a fait l'amour et sa robe topaze d'un jour s'est retrouvée froissée, empailletée de foin. Surtout il s'est passé quelque chose. Une sauvagerie nouvelle. Jean Edmond l'a prise avec colère. Zia chavire. De la lambourde une fiente d'hirondelle est tombée sur la jupe.

Puis il y a eu Clotilde. C'est la jeune sœur de Mathieu. Pendant le repas, sous les tentes de toile blanche tendues dans la cour, dressées contre le soleil et dont les pans relevés laissent passer un très léger frisson de brise de saison, elle a beaucoup ri, très fort. Clotilde possède ce charme indécent, éphémère, de la vierge offerte. Inconscient privilège de cet âge fugitif et fangeux, trouble, instable, dont plus tard la nostalgie ramène le souvenir et fait croire à l'impossible bonheur perdu. A la possible pureté. Aujourd'hui Clotilde a décidé, seule, c'est encore une enfant, qu'elle sera amoureuse de son séduisant beau-frère. Son cœur en tremble. Elle est assise à côté du jumeau. Depuis la messe déjà elle le bade, elle l'attire, elle l'attise. Il le sait très bien. Il en joue. Chacun des regards qu'il pose sur elle la persuade qu'elle est irrésistible, l'unique. Elle frissonne en s'imaginant dans ses bras. Elle touche, mutine, la queue de cheval brune. Elle lui plonge dans les yeux comme s'ils étaient siens. Elle croit jouer. Mais lui, déjà, au repas, joue d'autre chose, entre ses jambes. Elle a le rouge aux joues, parle fort, rit très haut, et le sexe qui s'humidifie. Elle essaie d'ôter la main, elle se tortille. Elle ne sait pas, pas vraiment, pas exactement, ce qui l'attend.

Marie Libertine, à l'autre bout de la table, impassible, observe et méprise.

Dans l'après-midi la chaleur est lourde et ne seraient les serviteurs qui s'agitent, le château, tout à coup, semble s'endormir. Beaucoup sont partis en promenade dans ce désert barbare qui leur paraît artistique et charmant. La comtesse se repose. Quelques bouchons de champagne hésitent à sauter dans l'air épais. Jean Edmond a entraîné une Clotilde consentante et émue en haut, vers la soupente et les chambres de bonne. Il la prend sur un tas de linge, dans la pièce séchoir. Elle est gênée par ce grand jour. Lui, est à peine étonné qu'elle soit vierge.

*

Quand ils redescendirent le soleil se couchait, disparaissait en vitesse accélérée derrière la haie de peupliers. Les musiciens s'accordent pour le bal. Le monde est revenu. De la ferme, seule Eglantine est restée, avec son mari.

Un nouveau buffet a été dressé. Les miroirs de la salle de bal ruissellent de lumière. La pièce longue et vaste resplendit d'une féerie nouvelle et le parquet ciré. On se penche, en riant, aux fenêtres. Le sol de la cour est jonché de pétales de roses. Jean Edmond se sert un verre. Clotilde parle trop, s'accroche. Clotilde a envie de pleurer. Elles sont nombreuses à tourner autour du jumeau. Il danse avec toutes les plus jolies. Quelques gouttes de son sang sont restées là-haut, sur le tas de linge. Une page irrémédiable de sa vie. Elle a compris qu'il n'est pas avare de tendresse. Il les embrasse dans le cou, leur pelote le corps, elles rient, les impudiques, comme elle, ce midi... C'est toujours décevant, un premier amour.

Zia, elle, se moque de ces galanteries. Aucune de ces filles de la ville ne représente un danger pour elle.

C'est à minuit que l'on fit nuit noire pour le feu d'artifice. Les fenêtres devinrent aveugles. Jean Edmond est ivre.

*

Elle n'a pas bougé.

Mais il sent son corps raidi sous les caresses indiscrètes ; sous la menace de l'inceste, le corps de sa sœur jumelle mortifiée.

C'est fini, il le sait, il l'a perdue.

Elle aussi a envie de pleurer, qui a tant besoin, plus que

d'un amant, d'un ami. Il la serre, ils se serrent, et c'est le désespoir.

Finis les pieds froids dans le lit du cellier.

Le ciel est mort.

Et la lumière revint.

*

En vain aurait-on cherché Zia. Dans l'illumination de la gerbe finale, celle que l'on appelle « le bouquet », elle les a vus, clairement, enlacés, unis, serrés l'un contre l'autre. Un éclair blanc comme foudre sur l'inévitable réalité. Mais elle n'a pas compris. Elle s'est trompée. Maintenant elle dort, les yeux ouverts, sur la tombe de leur enfant.

*

Sophie se lève tôt. Sophie n'a jamais connu les langueurs monotones et morbides de sa sœur aînée. Sophie a besoin de la vie.

Dans l'humidité matinale des miroirs elle traverse la salle de bal dévastée, jonchée de détritus, de mégots, de verres sales abandonnés. Un bouchon de champagne a brisé une vitre de la baie de façade. Par là entre, plus crue, la lente lumière de l'aube sur laquelle le château jette son ombre. Elle a les cheveux en fouillis, la robe blanche chiffonnée qu'elle n'a pas ôtée, cette nuit, pour l'amour. Mathieu aime en elle ce mépris des conventions. Elle l'a laissé, après la bataille, leur éternelle façon de faire l'amour au-delà des pudeurs, elle a laissé Mathieu s'étaler dans le milieu du lit, prendre possession de son absence en toute quiétude d'amant comblé. Elle aime le début du jour. Elle a si peu dormi. Il aimera encore, c'est sûr, sur son visage, cette fatigue qui relève les traits, creuse la vie, les yeux qui brillent, les lèvres rouges, sèches, le teint pâle, défait, le sexe nu sous la robe froissée et le corps craquelé qui hésite à trouver l'équilibre dans la clarté du jour.

*

Zia dort sur la tombe. Le silence est immense. C'est la rosée qui a mouillé ses joues dessous les yeux ouverts.

*

Jean Edmond ne s'est pas couché. Il est resté, assis, devant la cheminée profonde de la cuisine. Il en attise les flammes, qui ne libèrent plus les démons de la nuit. Le jour les a touchées. Et la magie est morte qu'il lui faut oublier. Il les taquine, par un jeu dérisoire et peut-être désespéré.

*

Marie Libertine. L'esprit, fragile.

Elle ne dort pas. Elle ne pense pas.

Sur sa porte sont gravés au couteau ces mots, qu'elle a lus, comme si elle les avait, de toujours, entendus :

« Je sais

Je sais que ce besoin que j'ai de toi et qui vise à te dépouiller de toi-même

Pour te fondre à moi

Faire de nous cette indissoluble existence

Est le signe exact
La preuve terrible de mon amour pour toi »

*

Sophie, dans la cour, secoue la nuit de ses épaules. Mais où est le bonheur ?

Les cendres, mortes.

Et le soleil se lève.

CHAPITRE 19

De bien plus loin.
La tentation de la vierge.

Il la croyait à lui. Le mal qu'il lui a fait, mais il ne le sait pas, elle le lui rendra. Et ce sera leur peine, et la fin du hasard.

Jean Edmond se moquait pas mal des superstitions de Zia. Que par elle vînt le malheur, selon les dires d'une vieille manouche de tribu errante que nul, hormis la gitane, n'avait jamais entendue, ou par lui, aboutissement d'un destin depuis longtemps mis en marche, comme chacun le pensait au village, comme leur mère l'avait répété tout au long de leur enfance, de leur mauvaise et sale et libre enfance, il s'en fichait. Peu importait. Et même il n'y croyait pas. Pas davantage qu'à ce soi-disant pouvoir dont il usait pourtant et qui s'était exercé à plusieurs reprises. Il n'y avait pour lui rien de surnaturel dans tout cela. Jean Edmond n'aimait pas grand monde et il s'étouffait encore de rire en pensant à la bouche ouverte d'Elisabeth Marivoux. Leur plus grande victoire resterait l'œil de verre d'Evangel. Sa plus grande défaite l'enfant-lézard au regard sérieux. Il ne cherchait pas à l'expliquer. Ce qu'il savait de mieux de la « malédiction », c'était ce gouffre en lui, la gémellité déchirée, simplement, l'enfance perdue d'une double vie gâchée avant de naître, renvoyée au miroir, au désir lancinant de l'union. L'osmose impossible. L'enfance, à ne savoir qui est l'autre. La destruction et l'appel, lucide, de la mort.

Cela surtout effrayait les gens, les braves gens tranquilles. Il avait l'arrogance de supporter un destin perdu d'avance, joué, le croyait-on, depuis longtemps, et donnait ce sentiment de le mener à sa guise, de le tenter, de l'appeler, de le provoquer. Quelle impudence! Les autres attendaient, dans le calme douillet, économique, de leur vie, la passion. Leur passion. La tache de naissance. Le faisceau des fatalités. L'inéluctable concentration du destin. Les forces du mal étaient sur eux. La fourche du diable a trois branches. A force d'y croire, cela finirait bien par arriver. Ce n'était rien, finalement, qu'un exorcisme collectif.

Superstitieux, ils l'étaient tous.

Jean Edmond avait observé Camila. Le jour des noces de Sophie il l'avait vue accepter les regards curieux, les sourires de commisération pour sa vieillesse, sa solitude, et l'enchaînement spectaculaire des malheurs, avec hauteur, avec grâce et détachement, son dédain des choses mesquines, du bonheur facile. Il avait lu les drames cachés derrière le rideau froissé des rides, et le mépris du temps, la distance effrayante et superbe de cette vieille dame face à la politesse excessive des pantins de la ville, ces citadins respectueux, certes, mais indiscrets, et ce jour-là il avait vraiment admis qu'elle fût son aïeule. Il l'avait acceptée dans son sang. Il avait lui aussi cette aisance trompeuse du désespéré qui s'affiche. Il s'était senti, fier comme elle, irréductible et solitaire dans l'âme, l'héritier digne d'une famille maudite. Il se mit à l'aimer, autant que Jean Edmond, avec cette terreur jouissive et suicidaire de la mort en lui, avec sa détresse de toujours, pouvait se permettre d'aimer.

La présence de Marie Libertine était pour lui devenue neige et sang. Il la cherchait et la fuyait. Et la porte de la chambre espagnole. Ses mots d'amour, à jamais dits, à jamais perdus, gravés dans le bois pour une éternité éclatée, dissociée, étaient devenus un poème.

Par ailleurs, facilité, débauche, entraînement au désespoir qui pousse une vie à sa perte, refus de toute pitié et surtout de lui-même, il se mit à boire. Il la retrouvait dans les mirages et les chimères des hallucinations métaphoriques de l'esprit. Cela avait commencé par les fêtes de chez Gentin, des soûlographies excessives, sauvages, nocturnes, allant jusqu'au coma symbolique où le corps se perd dans l'âme, ou le contraire; où la pensée rejoint Dieu dans la mort éphémère de la conscience. Il rentrait à cheval, pâle, poussiéreux, chaque atome de son corps hésitant à s'échapper dans les douceurs mouvantes de l'aube.

Zia l'attendait. Il n'aurait su dire s'il l'aimait. Ce mot n'avait, l'eût-il pensé, appliqué à la gitane, aucun sens pour lui. Elle-même, jamais, ne se risquait à en poser la brûlante question. Pourtant elle était là et continuait d'être sa maîtresse. Malgré l'enfant-lézard. Sans qu'il s'en rendît compte ou voulût l'avouer, elle était là et lui était devenue indispensable.

Une nuit, de retour du village, il la battit et fut étonné d'en ressentir une réelle et terrible jouissance. Il avait toujours été doux avec les filles. Il n'en eut pas honte. C'était un animal furieux qui sortait de lui.

Et comme après ils firent l'amour et qu'elle lui dit les mots de la passion la plus insensée, lui offrant son corps comme jamais, il en prit l'habitude. Ce n'était pas la gitane, ce n'était pas sa maîtresse, qu'il maltraitait, qu'il humiliait. Zia n'était qu'un masque; l'objet vivant d'un transfert sulfureux. Car cette haine venait de bien plus loin.

Il le savait, il en jouissait et en souffrait de même, exorcisme impossible à jamais recommencé, inutile, monstrueux mensonge.

D'un été de chaleur dans l'odeur des vendanges.

Puis, quand l'électricité douloureuse de son âme l'abandonnait, il se blottissait contre elle et demandait la nuit.

L'oubli.

Zia souriait dans l'obscurité. Après les éclairs mortels des foudres de son enfance, après les souvenirs, les appels au tonnerre qui déchiraient ses yeux ouverts, l'âme arrachée, le corps en pagaille, elle croyait enfin dans cet abandon posséder son amant et rattraper la vie. La douce vie, l'impossible destin des gens heureux. Elle se sentait paisible et pardonnée. Le sexe dévasté, mais l'âme purifiée. La malédiction tant attendue était en accomplissement. Il n'y avait plus à craindre et plus qu'à espérer. Car nul n'y pourrait rien. Et les signes parlaient. Elle sut, à ce moment-là, que le prochain enfant serait sain. Elle le regardait dormir, le teint légèrement rougi d'alcool, mais beau, ronflant, les cheveux en sueur, lové comme un chaton dans le chaud de son ventre. Marie Libertine s'effaçait.

Et Zia souriait au clair de lune sur les draps.

Pendant ce temps, la jumelle courait les champs. Elle gardait sur son corps la paume chaude de son frère, elle l'emportait partout, brûlure qui éveillait ses sens, la soulevait à la vie, faisait gonfler ses seins.

Il n'était pas rare qu'elle allât tourner autour de la ferme du Bout. Elle rôdait, petite fille louvoyante de son enfance, ombre fuyante entr'aperçue dans les mirages ensoleillés du bois. La maison avait vieilli. On ne l'avait repeinte ni recrépie depuis plusieurs années. Le bleu des volets s'effritait. Un roncier monstrueux envahissait maintenant l'ancien emplacement de la grange brûlée. Eglantine était enceinte.

Mais quelque chose gênait la jumelle. Tapie dans les fougères, vêtue de vert, indiscernable, elle guettait.

Souvent elle revint. L'image était faussée. Gênante. Ce n'était pas la vieillesse que prenaient les couleurs, ni la décrépitude des éléments. Jusqu'à ce qu'elle en comprît la cause : on avait coupé le poirier.

Non pas coupé, elle l'aurait vu, mais arraché, dé-souché, anéanti. Oublié. A sa place on avait installé une balancelle déjà fanée que les enfants d'Eglantine souillaient de leurs pieds boueux, de leurs mains barbouillées de chocolat et de confiture de mûre, de leur gaieté grossière.

Elle ne voyait pas souvent Evangel. Il ne venait désormais plus que le dimanche, repartait le lundi dans l'après midi. Au village, on le trouvait « gentil ». Les suppositions n'allaient pas plus loin. Pas encore. On ne lui connaissait pas de fiancée. Il arrivait, l'été, vêtu de blanc, buvait des fraises à l'eau ou du lait grenadine, jouait aux cartes. On attendait, pour dire, pour parler, qu'il fût vraiment un homme. Une fine moustache auréolait sa lèvre supérieure. Finalement, peu doué pour les études, il apprenait la coiffure.

Parfois il y avait là la jolie voiture de Sophie. Marie Libertine savait alors qu'il y aurait de la visite au château. Elle rentrait vite, coupait à travers bois, déchirait à plaisir sa robe dans les ronces. Sophie porterait des cadeaux, son sourire, sa bonne humeur en tourbillon léger, sa grâce, Jean Edmond serait heureux aussi, et face à elle ils seraient, de nouveau, les jumeaux, ils oublieraient, un moment, la fêlure.

Avec son ventre chaud, la douceur en dedans, elle pousse parfois, de plus en plus souvent, jusqu'au village. L'école est fermée. La rue longue sent toujours la glycine et les rosiers grimpants. Un autobus ramasse maintenant les enfants jusqu'au bourg voisin. Muette est retournée vivre, avec l'Américain et leur enfant, dans la petite maison haute et étroite près de l'ancien lavoir, d'où l'on peut voir le soleil se lever sur la cime des pins. Marie Libertine y boit, comme autrefois, le chocolat fumant, la menthe fraîche. Elle y rencontre ceux de la bande. Elle passe écouter le rire franc et les colères vite oubliées de Jacinthe. Toujours aussi pulpeuse, la belle rousse a éclos et accouché, spontanément, dans son lit, d'un beau garçon. Renaud travaille. Ils sont mariés, maintenant. Ainsi que Bob Saucisson. Pare-Feu, le fou, est, non pas définitivement mais presque, enfermé. Pour tous, Marie Libertine reste la jumelle, la princesse lointaine, le double intouchable. On respecte ses silences et ses sourires à bouche ouverte, comme si elle baillait. Gentin a bien essayé de la séduire, mais elle a ri, d'une telle et facile moquerie, qu'il s'en sont tenus là et qu'ils sont devenus bons amis. Jean Bart sort de trois mois de prison.

Au village et sans raison on la pense toujours vierge. Les femmes un peu moins. Elle passe, fière, dans les rues, pure de cette légende. Sa démarche évoque irrésistiblement l'ouverture des hanches, l'évidente féminité de qui a connu l'amour. Le buste pivote facilement sur la taille, la moue sensuelle que prend sa bouche large, les seins hauts, le pied léger, et l'impudeur gracieuse de son rebondissant fessier... Enfin, si ça n'était pas, ça n'allait pas tarder. Elle aimait maintenant qu'on la regardât, elle jouait de la provocation comme elle avait joué, jadis, de son innocence. Et toujours la beauté, somptueuse, hors de mode.

Les plus vieux ne s'y trompaient pas. Si certains la traitaient, par charité, par gentillesse, comme une enfant, sans voir ou paraître voir l'insolence du corps, l'impertinence de son allure, d'autres la caressaient du regard raisonnable, mais encore bien vivant, de celui qui prend ce qu'il peut, même si ce peu est seulement de voir et regarder.

Puis il y avait les hommes, les maris. La plupart se trouvaient heureux qu'elle ne fût pas leur fille. Mais n'auraient pas détesté d'en faire leur maîtresse.

Et c'est ainsi qu'un jour, au café des Sports, les paris s'ouvrirent. Après qu'il eut été établi, avec une certaine paillardise, que la fille était pucelle et ne méritait pas de l'être, une année fut donnée aux plus déterminés, aux inconscients, aux « portés sur la chose », aux Don Juan de campagne, aux époux infidèles. Il y entrait pour ainsi dire une espèce de dévouement viril.

La nouvelle parvint au café du Commerce, où le défi fut relevé.

Jérusalem Forest ne prit pas part aux discussions. Il restait assis dans son coin, les pieds sur une chaise, le corps en bascule. Il attendait Jean Edmond et leur partie de poker de minuit. Il ne dit rien, l'homme n'était pas bavard. Il connaissait bien la fille. Il la regardait passer, superbe, dans la rue. Il l'entrevoyait se faufiler dans l'ombre filtrée des sous-bois, biche, furet, renard dans ses soies vertes et brunes. Il revoyait l'enfant frêle et salie, le petit grillon d'autrefois. Le corps mangé de boue, soulevé dans ses bras. Jérusalem Forest aime les animaux, les arbres, la vie de la forêt dont il porte le nom ; le déroulement infime des insectes dans le sable, les libellules sous le soleil. La pluie dégoulinant dans les aiguilles de pin. Le sol détrempé de l'hiver, la poussière légère de l'été. Son père, avant lui, a été gemmeur, sa grand-mère, italienne, l'a élevé. Forest est célibataire, garde-chasse et solitaire. Arpenteur infatigable. Esprit libre. Cavalier lent des sentiers perdus. Amoureux du silence, il ne parle jamais pour ne rien dire. Il oublie même parfois d'exprimer ses pensées. Joueur par-dessus tout.

Lui et Jean Edmond se retrouvaient souvent, la nuit, autour de la table de poker. A cette heure-là le jumeau était ivre. Comme partenaires, ils étaient impossibles. Meneurs et solitaires tous deux, ils ne supportaient aucun la domination de l'autre. Comme adversaires, c'était une catastrophe d'agressivité où chaque mot, chaque regard pesait. C'est-à-dire un passionnant spectacle, âprement suivi et commenté.

Ce soir-là Forest joua comme d'habitude, stable et silencieux, supportant sans broncher les yeux verts du jumeau.

CHAPITRE 20

Le lendemain du soir d'orage.
Avant l'accomplissement.

Pour la lune noire d'avril il y eut un gros orage. Une chaleur lourde le jour, quelques rares gouttes de pluie dans l'air épais, puis le tonnerre gronda toute une nuit déchirée seulement de jaillissements bleu-blanc. Comme il avait fait un temps si étrange ces jours-ci, anachronique, le monde se trouvait anxieux, les bêtes nerveuses ; il y eut de nombreux accidents. Les ruisseaux débordèrent. L'eau resurgit du sable gorgé. La terre devint mer.

A la tombée du soir, après la lourdeur immobile, oppressante, du jour, de grands tourbillons de vent subit avaient commencé d'annoncer la tempête. Une énorme montagne brune avançait par l'ouest, que les rafales brutales précédaient. De l'autre bord le ciel avait encore ce blanc de perle lumineux dans lequel le soleil se reflétait, de très loin, de très haut, ourlant d'argent miroitant l'impressionnant nuage. Ceux qui se trouvaient dehors, ceux qui le purent, se hâtèrent de rentrer. A sept heures hommes ni bêtes ne traînaient plus sur les chemins.

C'est alors, sans transition, que la nuit fondit prématurément sur le crépuscule, la montagne envahit le ciel et la bourrasque fut là, chassant le jour, criant dans les toitures, emportant les bourgeons du printemps, un raz de marée venteux et destructeur, sifflant et tournoyant, suivi d'un délire aquatique qui noya les maisons du bas du village et transforma les prairies en rizières.

Le cœur de l'ouragan, qui dura à peine quelques minutes, avait tout dévasté. Son cortège de pluie et de vent, jusqu'à l'aube, fit le reste et la désolation.

Au matin, les arbres arrachés se comptaient par centaines. Les routes étaient impraticables. Le réseau électrique démantelé. Les rivières en crue avaient débordé de leur cours, le paysage désolé pleurait. Des étangs et des lacs, provisoires, dans les prés inondés, s'étaient créés.

Mais au premier rayon de soleil, vers onze heures, le tout s'illumina, se mit à briller, scintiller, bailler d'aise, l'air allégé, transparent, la nature lavée, dépoussiérée, humide, respirait, s'éveillait, se secouait, toute neuve.

Le sable dégorgeait son excédent d'eau en flaques lumineuses et les regains de pluie goûtaient sans fin des branches et des toitures. Le ciel, l'eau, la terre, se confondaient dans une magie argentée.

C'est en début d'après-midi que Jérusalem Forest fit son entrée au château.

Tôt le matin il avait aidé les pompiers à faire face aux premiers dégâts de la tempête. Parmi les sinistrés il avait fallu secourir Muette et Jonathan. Les maisons du pont étaient inondées de deux mètres d'eau. La radio annonçait, sur mer, de nombreux bateaux en perdition.

Puis, seul, sa tournée l'avait mené vers le bois de chênes et il avait fait là une découverte dont, prudent, il pensait préférable d'informer d'abord le château que la gendarmerie.

Le fermière était dans la cour et lui dit de s'adresser à la comtesse. C'était une vieille habitude. Elle n'avait jamais pu admettre l'autorité du « bâtard » dans les lieux.

La vieille dame, de derrière la fenêtre du salon, assise dans un fauteuil au milieu de coussins, regardait s'achever le séchage de la nature sous le soleil renaissant d'avril. Une légère brise traînait les derniers filaments de nuages dans le ciel délavé. Au-delà de la cour, du mur, du chemin, son regard restait perdu dans les peupliers qui, reverdis, renforcés, purifiés par la violence de l'orage, se dressaient semblait-il plus droit, plus haut, que la veille, vers le ciel. Un vent de stratosphère, qui ne touchait pas terre, en agitait les cimes.

Marie Libertine, devant la cheminée, lisait à voix haute.

C'est Zia qui conduisit l'homme vers le premier étage. Il se souvenait, enfant, d'être un jour déjà entré au château. Trente ans plus tard, il fut étonné de trouver le lieu inchangé. Seulement plus petit, plus étouffant, moins majestueux que la vision imprégnée dans sa mémoire. Simple question d'atmosphère, pensa-t-il.

Jérusalem Forest était ce qu'on appelle un bel homme, solide, le teint doré, avec ces cheveux clairs, libres, de l'Italien, et les yeux qui rient tendrement dans un bleu-vert d'Adriatique. S'il ne s'était pas marié c'est qu'il avait connu, jadis, une déception sentimentale, de celles qui font croire que l'amour, jamais, jamais plus, ne peut être. Ce fait, connu de tous, suffisait au respect. La seule maîtresse qu'on lui eût connue, depuis, sa seule passion, restait son jeu de cartes. Il ne buvait pas. N'avait pas d'aventures. Il vivait seul et, le soir venu, quand il rentrait des bois, il sentait la mousse, le sel et la résine, comme un parfum léger mêlé de vent de mer.

Quand il entra, Marie Libertine leva les yeux de son livre. Elle avait encore sa robe gris-vert des promenades sylvestres. Ses cheveux étaient tressés de perles de jade. Ses yeux, maquillés. On n'en voyait plus que le noir dans le noir. Le matin même elle était allée jusqu'au village contempler, le cœur gonflé d'une émotion quasi animale, les dégâts de la tempête. Elle n'avait pu visiter Muette, encore sinistrée. Elle avait maintenant ôté ses souliers et faisait sécher ses pieds dans la chaleur de l'âtre. Elle sourit.

Le statu-quo douloureux des relations fraternelles procurait à Marie Libertine un certain calme, une attitude en famille de douceur reposée qui n'était pas la sienne et ne trahissait en rien le bouillonnement nouveau, insoumis, oppressant, de ses sens. Les jumeaux s'évitaient sans que cela ne parût pas naturel. C'était comme un contrat passé sans mot dire. En apparence elle en semblait soulagée, libérée. Délivrée de cette chaîne invisible dont le feu d'artifice lui avait révélé l'impossible dit. En apparence seulement elle savourait un répit. Ne paraissait pas souffrir de cette lente séparation de leurs vies. Elle le regardait déchoir. Elle savait. Mais cela seul était le prix, nouveau, de son détachement, et de la liberté au singulier goût de décision.

Elle se montrait même volontiers aimable avec la gitane. Toute trace apparente de jalousie s'était effacée. Mais, le cœur durci, elle se souriait dans les glaces en plissant les yeux, jusqu'à ce qu'ils deviennent petits, deux fentes de sorcière, quand, la nuit, elle entendait son jumeau frapper Zia. Puis elle prenait de nouveau un visage lisse, joli, une expression paisible, un air de pureté. Elle s'observait, se régalait d'elle-même. Elle peaufinait le masque. Elle s'éloignait avec son nouveau visage de femme.

Car au-dedans bouillaient l'ardeur et les désirs. La liberté d'elle-même la poussait. Et la pensée, l'omniprésente pensée secrète et sans retour de la vengeance d'elle ne savait quoi, la délivrance qui les ferait souffrir tous deux.

Quand elle entendait le calme revenu dans le petit salon de chasse, elle relevait la tête et le sourire devenait triomphant, de défi heureux qui méprisait Jean Edmond jusqu'où il était impossible de penser.

Ainsi elle prend, chaque jour, depuis les mains brûlantes sur son ventre et les baisers émouvants dans le cou, un soin de plus en plus précis de sa toilette. Au village elle sait le nom que l'on lui donne, et ce que l'on en dit, et ce qu'on veut en faire. Alors elle accentue encore un peu, exprès, le balancement de ses hanches. Voilà pourquoi, ce jour, le lendemain du soir d'orage, elle lève les yeux vers Forest qui vient d'entrer et lui sourit, de son plus joli, large, et lumineux sourire.

Camila, elle, n'a pas tourné la tête. Elle rejoint lentement l'ombre d'elle-même. On ne sait pas toujours si elle entend encore. Depuis le mariage de Sophie, depuis cet extrême et dernier effort face à la société d'un monde dont elle s'efface, elle est devenue contemplative. Pourtant, parfois, elle se réveille, elle veut parler. Mais les mots sont comme des bulles de savon qui éclatent, incompréhensibles, sur ses lèvres. Elle se déplace encore, lentement, sur sa canne, se soutenant aux murs. Aidée de Marie Libertine elle descend dans la cour, s'assoit sous la tonnelle. Elle y reste des heures. Simplement, doucement, elle se met à respirer à petit feu. Elle vit à l'économie de ses forces et prend le rythme sans tragédie de son ultime décennie.

Les souvenirs du passé se mêlent au présent, qu'elle n'entend plus qu'à peine.

Jean Edmond est entré derrière Jérusalem. L'homme est toujours debout. Personne ne l'a prié de s'asseoir. Ils se serrent la main. « Qu'est-ce qui t'amène ? » demande Jean Edmond. Le ton est correct, sans plus. Hier au soir ils ne se sont pas vus. Les cafés avaient fermé, pour cause de tempête. Jean Edmond a bu, seul, servi par la gitane. Il a ses bottes cavalières, sa queue de cheval en désordre, les cernes marqués, l'air fatigué. Il est mince, fragile, romantique. L'autre le dépasse d'une bonne tête d'homme des bois, d'homme tranquille, d'homme solide.

« Je dois te parler » a dit Forest.

Marie Libertine replonge dans son livre sans en voir les lignes, les tracés précis, signes irrémédiables qui disent et dessinent le destin d'une héroïne parmi tant d'autres. Zia ne les quitte pas des yeux. La comtesse s'est reperdue dans la contemplation. Elle marmonne des choses que l'on ne comprend pas. Que personne n'écoute. Elle est maintenant hors du temps.

« J'ai trouvé un cadavre dans la forêt. La tempête l'a déterré. L'eau du sable l'a fait remonter dans une sale boue. Il nage, un peu plus loin, dans le bois. Dans LE bois du château... »

Jean Edmond n'a pas bronché. Il se fiche de ce que le silence puisse être l'aveu de sa culpabilité. Il sait que l'autre sait. Ce n'est pas un piège. Jérusalem Forest est connu pour sa franchise.

« D'ailleurs, c'est bien le corps du garçon de ferme... »

Marie Libertine regarde l'homme. Elle attend. Si la vie de son frère est en jeu, sa liberté, elle se lèvera. Elle se battra. Elle a un vrai roman, sanglant, tout prêt, dans la tête. Pourtant, elle sait qu'elle n'en est pas capable. Un roman, ce ne sont que des mots. Seule Zia a la force du meurtre. Et Zia ne bouge pas. Elle écoute. Elle attend.

« Ça me regarde pas. Enfin, je veux dire, je veux rien savoir, mais c'est mon boulot. J'en sais déjà trop. Faut qu'je fasse quèqu'chose. »

« Tout ça, c'est la faute de cette saloperie de gitane », pense Marie Libertine.

« C'est le hasard. J'aurais préféré qu'il tombe ailleurs, ajoute encore Forest face au silence. J'aime pas ça... »

Marie Libertine s'est levée pour aller chercher du bois. L'homme ne l'a pas regardée, mais il l'a sentie passer. Ombre des forêts. Marie Libertine, perle brune.

« Je te laisse une chance. On le joue.

— Aux dés, a dit Jean Edmond. Vite.

— Banco.

— C'est honnête. C'est juste », a dit le jumeau.

Marie Libertine est revenue. Elle leur tourne le dos. Par la fenêtre ouverte, elle suit la procession des nuages. Le feu crépite autour du jeune bois. Le dé roule. Forest sort un six. Jean Edmond le suit, aussitôt: six. Forest rejoue: quatre. Cette fois, Jean Edmond attend un peu, fait jouer le dé entre ses doigts, et tout à coup Zia se met à chanter, une mélopée rauque que personne ne comprend, en gitan, et cela parle de Dieu et de la mort. Le dé roule, et c'est la dernière fois: six encore. C'est fini. Marie Libertine pousse un soupir que l'on n'entend pas. Droite, pâle, son livre à la main, elle n'a pas bougé. La route vient de s'ouvrir. La marche.

« Tu as gagné, Hazera », dit Forest. Il a appuyé sur le nom. C'est affreux, ce patronyme, tout à coup. Les yeux de Jean Edmond se sont plissés dans la lumière. Il a eu mal, il ne sait pas d'où, comme avant, de partout.

Jérusalem va sortir. Ils n'ont plus rien à se dire. Ce soir, au poker, le silence parlera. Ils sont égaux, ce sont les mêmes hommes. Il faudra de nouveau enterrer le corps. Plus profond. Plus loin. Marie Libertine ne s'est pas retournée. Il le sait, sans la regarder, il la sent. Mais Zia, elle, s'avance. Elle est petite face à l'homme. Elle soulève sa jupe noire et montre l'oreille sur sa cuisse, à côté le rasoir et la peau d'écaille de son enfant. « Si tu parles, c'est contre moi que tu parleras. C'est moi qui l'ai tué. »

Jérusalem Forest est parti. Marie Libertine le regarde traverser la cour. Il a le dos large et épais. Fort comme un arbre. Elle ne sait pas qu'il sourit. Il sourit parce que, le jeu, c'est lui qui l'a gagné...

CHAPITRE 21

Le chemin de l'extrême village de l'étang.
Et demain soufflera le vent de demain.

« Où vas-tu ?
— Je sors.
— Avec qui ?... »

Marie Libertine se retourne d'un coup. Elle a mis son visage d'innocence. Elle pivote gentiment. Mais elle ne peut cacher la fièvre, la gaieté anormale, le regard trop brillant. Elle a pourtant une robe bleue, une de ces jolies robes douces, toute simple, ni courte ni longue, qu'il aime lui voir porter. La pudeur de Marie. Justement. Pour les courses en forêt elle met toujours des robes vertes, des jupes brunes, des vêtements couleur de sable, couleur d'écorce, d'herbe, d'animal.

« Avec qui ? Où vas-tu... »

C'est le début de l'après-midi. Jean Edmond rentre juste du village. De mauvaise humeur, il a perdu aux cartes, s'est endormi chez Gentin, s'est mal réveillé. Le soleil est déjà haut, trop fort. Sur son chemin de retour la campagne était imbibée de cette lumière, franche, impitoyable, du printemps ; des fleurs partout. Sa tête explose de fatigue dans l'ombre soudaine du château.

« Mais, ma parole, t'es jaloux! Il est jaloux! I-il est jaloux! », claironne Marie Libertine. Tourbillonne Marie Libertine.

Zia, silencieuse, s'est accroupie derrière l'entrebâillement de la porte. Elle sursaute quand elle reçoit la gifle. Pas elle, non, Marie Libertine. En pleine figure. Elle a la joue toute rouge.

« Ça va pas, non? hurle-t-elle. Je suis libre, tu m'entends, libre! » Sa voix sombre vers le grave. Ses yeux se ferment, se plissent. Pour finir on l'entend à peine: « Je suis pas ta pute, Jean Edmond. Frappe-la, elle, elle aime ça... »

Elle sort en claquant la porte. Elle ne voit même pas la gitane enroulée sur ses talons. Elle traverse la cour à grandes enjambées de colère, droite comme un hussard.

Elle est sortie. Jean Edmond reste seul. La lumière du dehors lui casse la tête. Par la fenêtre ouverte, il la voit. Elle atteint le portail. Alors les yeux de Jean Edmond deviennent verts. Si verts... Presque violets.

« Merde! » elle a dit. Elle s'est tordu la cheville. Il la regarde, elle le sait, il l'a vue trébucher; elle le sent derrière elle. Peut-être même que... Mais elle ne se retourne pas. Fière et claudicante, elle vire à droite vers le bois de chêne.

*

Ils sont assis au bord de l'étang. Ce n'est pas vraiment un étang. Ou plutôt cela dépend des saisons. A cette époque l'étendue en est assez vaste pour, si l'on voulait, y canoter au milieu des joncs et des roseaux. Mais à la fin de l'été ce n'est plus qu'une mare glauque dans laquelle il reste juste assez d'eau pour se tremper les pieds sur fond de boue.

Le soir ce doit être infesté de moustiques et même le jour,

quand il fait beau comme aujourd'hui, mieux vaut se tenir au soleil que dans l'ombre des fourrés où les insectes rôdent. C'est ce que remarque d'abord Marie Libertine. Ils se sont enfoncés dans les bois en suivant la mer. Ils ont marché vingt bons kilomètres. Puis le chemin s'est égaré dans les tracés désordonnés du sable, le fouillis des fougères arborescentes, le flamboiement anarchique des genêts. Le mois de mai tire à sa fin. Jérusalem a plié son manteau sur un tronc déraciné, moussu, pour qu'elle s'y assoie. Les abricotiers sont en fleur et les cerisiers mûrissent leurs fruits, ici redevenus sauvages. L'air est doux. La brise passe haut dans les arbres, agite doucement le feuillage d'une double rangée d'acacias. Marie Libertine a mis du rouge à ses lèvres. La course donne à sa peau mate des reflets de grenade. On croirait entendre, dans le silence à mille bruits du bois, une biche passer, un lièvre détaler, courir un faon derrière les bosquets. On entend, c'est sûr, l'eau d'un petit ruisseau qui chante, les oisillons au nid. L'étang vert a des reflets bleus où voltigent les libellules.

De l'autre côté de l'étang il y a trois maisons.

Trois maisons pour un ancien très très petit village. Un hameau abandonné. Mais l'endroit n'est pas mort. Il y a un reste de vie dans cet ensemble, comme si les hommes en étaient partis brusquement. Les objets familiers les attendent encore. C'est cela qui est étrange, l'eau plate et les maisons, debout, le bruit de sève du printemps. C'est ici qu'est né Jérusalem Forest. Sa grand-mère frappait le battoir sur cette pierre enfouie au bord de l'étang.

Il avait promis qu'il l'emmènerait.

Peu après l'affaire du cadavre et la partie de dés, ils se sont rencontrés au village. Deux ou trois fois, Marie Libertine a gracieusement accepté une limonade au café des Sports. Vu de l'extérieur, cela a bien l'air d'un flirt. Elle le sait. Elle ne s'en soucie pas, elle ne s'en cache pas non plus. Elle l'a décidé. Forest lui plaît. Elle aime sa présence, rassurante. Elle l'écoute, elle rit, elle rêve. Elle se conduit avec lui comme un enfant.

« Ça devait pas être drôle, de vivre ici... » a dit Marie Libertine.

Puis elle se reprend : *« C'est joli. »*

Marie Libertine est gênée, cela se voit, ou elle s'en donne l'air. Elle paraît ne pas savoir que faire de ses doigts, froisse sa robe, remue ses cheveux, arrange les épingles, essaie de parler, regrette tout ce qu'elle dit. Forest pense, en la regardant, qu'elle ne pourra jamais être plus belle qu'elle est, aujourd'hui, heureuse de jouer, inquiète, brune dans sa robe bleue.

« Approche-toi. Tu veux... toujours ?

— Oui.

— Alors approche-toi. Tu dois faire ce premier pas... On t'as déjà touchée ? »

Elle hésite. Elle ne sait pas. Elle rougit. Elle dit : non, puis elle dit : oui. Elle hésite encore. Elle redit oui. Le feu d'artifice dans ses yeux. Le corps transmuté. Le chaud. La tête qui bourdonne. Le ciel éclate et, plus précisément, le sexe, le sexe de son frère contre elle. Collé, gonflé contre ses fesses. Elle ne sait plus quelle folie lui en venait. Ni quelle vomissure, et la peur du réel. Qui ? QUI d'autre ? Ah oui ! La main de Muette, ses cheveux. Un baiser d'Eglantine, elle ne sait d'où, il y a longtemps. L'enfance. Qui, encore, lui, toujours, et elle, les pieds froids dans le lit du cellier, l'osmose, les pigments chatouillés de la peau, les caresses de la grange, la recherche, la troublante recherche de l'autre et de la différence. Oui, on l'a déjà « touchée ». Elle le réaffirme : Oui ! Mais elle est vierge.

Tout le monde le dit au village. Son innocence fait sourire Forest. C'est une superbe ingénue. Il est, il serait, il sera, s'il le veut, bien près de l'aimer.

« Ça va pas être facile, Marie Libertine. Je ne veux pas te faire de mal. Je ne veux pas souffrir non plus. Tu es comme la nuit. Trompeuse et séduisante comme elle ; et belle, tu le sais. Je crois savoir ce que tu cherches. Ce que tu demandes, je te le donne. Mais si ce n'est pas ça, si ce n'est pas là que tu vas... J'ai peur de me tromper. Crains le danger. C'est trop facile de te faire l'amour. Peut-être bien que je ne pourrai pas m'empêcher de t'aimer », dit Forest, mais il ne dit pas le quart de ce qu'il pense dire. « ... et si je t'aime je te garderai. » Il dit l'essentiel, la douceur, la chaleur, la rassurance. Il tait le reste.

Il l'a faite lever. Elle est docile, douce, parfois gaie, petit animal volontaire et résigné. Il aime les animaux, leur façon d'avoir peur. Elle l'écoute. Ils évoluent tous les deux dans ce paysage désordonné, presque mort, terriblement vivant.

Il serait temps, de renoncer, de se rasseoir, d'écouter le rossignol lancer ses trilles au printemps.

Le chemin qui mène aux maisons perdues est encore fangeux. La terre colle aux pieds. L'eau mouille les chaussures. Marie Libertine accroche son regard aux coccinelles, à toutes les coccinelles bêtes du bon dieu posées sur le bord des feuilles de mai. C'est comme une bouée dans les mille bruits, dans le soleil, dans le beau soleil qui tourne au-dessus de la clairière. Forest a posé sa main droite sur le côté de sa taille, vers l'arrière, sûr il la tient, la paume est chaude et caresse, comme si elle rêvait, indépendante, au millimètre, la courbe de la hanche jusqu'au creux, jusqu'à la rivière arquée du milieu du dos.

Quand elle lève les yeux vers le bleu du ciel elle sourit. La vie est une chose précieuse.

A mi-chemin, dans un angle éloigné de l'étang nostalgique, sous les frondaisons tachetées de lumière, il s'est arrêté. Il l'a prise contre lui. Il sent son cœur, son cœur à lui, qui bat. Il doit la soulever un peu, elle est grande pourtant, Marie Libertine, longue et souple, presque aussi grande que son frère, mais là toute fragile. Il se penche et embrasse le cou, le départ de l'épaule, l'ombre de la joue. La main gauche a rejoint la main droite. Il l'entoure. Mais il ne serre pas, elle pourrait s'échapper. C'est bien lui qui a peur. *C'est facile, bon dieu oui, c'est facile*, mais il ne le dit pas. Les mots d'homme sont plus terribles encore que les gestes.

Marie Libertine a vingt ans. La moitié des filles du village, à cet âge, ne sont plus vierges. Les autres attendront bien toute leur vie ou le mariage.

Passe l'après-midi, coulent les heures dans la chaleur des corps, la moiteur, le trouble, le plaisir, le douloureux plaisir en lutte avec la pureté, qui la rejoint, un fragile, un désespérant et miraculeux instant. Cet instant aigu suspendu sur le bord du temps, résolution éphémère de toutes les angoisses.

La vie, la mort, le corps, les mots, est-ce que ça compte ? Cet instant est un don de l'infini, on s'y sent éternel.

Mais comme on y est deux on doit très vite faire semblant d'être vivant. Pour ne pas avoir peur. C'est trop personnel.

L'après-midi passe. Le soleil en pente douce caresse la cime des arbres, puis laisse l'humidité de mai reprendre la terre.

*

Au premier cri de la chouette Jérusalem Forest est sorti de la maison. Il y a passé son enfance. Il en connaît toutes les herbes qui l'envahissent, les fleurs redevenues sauvages, les bouquets fiers des quenouilles brunes. Il fait encore jour mais un nuage de vapeur apaise l'étang, fait hésiter le regard sur les ajoncs, sur les roseaux, dans une lumière jaunie, irréelle. *Une lumière triste*, pense Forest. Car Forest est triste. Vidé et pas fier.

Marie Libertine le suit. Elle a remis sa robe bleue et relevé ses cheveux. Elle est rose et fatiguée.

Elle se force à rire. Elle rit d'elle-même. Tendrement. Elle ne joue plus. Et cette gaieté qui n'est pas gaie remet le sourire entre eux.

La nature est immense, l'émotion la mesure du regard.

*

Quand elle lui dit « partons », il n'hésita pas. Il l'aimait et elle, aurait, pour toujours, besoin de cet amour.

*

Jean Edmond tenta de se fendre le crâne en se précipitant, tête baissée, dans la porte d'entrée du château. Il ne réussit qu'à s'assommer. Il était fou de la douleur de son absence. La brûlure à jamais. C'est Zia qui le soigna.

« Maintenant, c'est moi qui ai besoin de toi, lui dit-elle, il faut m'aider. »

*

Ils étaient partis.

Ils avaient tout laissé, ils étaient partis.

Et quand elle imaginait le petit village de Tunisie vers

lequel il l'emmenait, tout dormait au creux des maisons blanches. La lumière était douce et le désespoir n'était plus que celui de la mort.

*

« Nous ne serons jamais heureux », dit Jean Edmond.

« Le bonheur ?... » Elle rit. Elle rit et caresse son nouveau ventre rond et la peur qui s'estompe. Elle rit. Ce sera une fille.

*

Marie Libertine dort sur l'épaule de Jérusalem. Le train les emporte. La nuit, elle cherche ses pieds, l'entrelacs rassurant.

Elle ne sait pas pourquoi, c'est à Sophie qu'elle pense.

*

« Tais-toi un peu, gitane, tais-toi ou chante, si tu veux... »

Il la tient près de lui. Elle ne craint plus cette tendresse nouvelle.

« Regarde, regarde, Zia, la fauvette peureuse.../... Nous l'appellerons *Marie-Libertine.* » Il a dit cela brusquement, il s'est tourné vers elle, lui a dit, la vie devient plus claire.

*

Parfois elle rêve. Elle se réveille. Elle l'appelle. Il est

toujours là. « Marie Libertine, ma pure, ma très pure... », lui dit-il, et peut-être qu'il ne le dit pas. Jérusalem a les mots qu'il faut pour cette femme brune qui n'est jamais sortie de son enfance.

*

Et la malédiction des gitans... ?

C'était peut-être, tout simplement, de continuer à vivre.

ÉPILOGUE

La longue vie de madame Hazera

C'est la fin de l'été.

Autour de la ferme inondée de soleil le sol asséché traîne sa poussière entre les touffes vert pâle et tendre paille de l'herbe clairsemée où rampent les insectes, les fourmis laborieuses, où meurent les papillons fatigués aux ailes poudreuses et les scarabées dorés.

Plus loin, dans l'ombre des fourrés, le piège des mûriers, veille et chante parfois, la cigale.

C'est une terre-sable de fin d'été, fougère et bruyère mêlées. Un désert provisoire. Sous le ciel de l'automne imminent s'amoncellent les nuages d'orage.

Ces fantômes sont insupportables... dit la mère à voix haute. Le taillis a tremblé.

A quelques kilomètres de là, l'océan, invincible, rebat toujours les mêmes milliers de grains de sable que le vent, inlassable, modèle et remodèle. Les dunes sont des mamelons rassurants où le soleil se couche.

Erreur. C'est la terre qui tourne.

Et le piège des mots.

La mer a tout son temps.

PREMIÈRE PARTIE

Le temps de l'enfance

DEUXIÈME PARTIE

Le temps de la grange

TROISIÈME PARTIE
L'accomplissement

Composition Eurocomposition.
Impression Normandie-Impression S.A.
à Alençon, le 20 février 1990.
Dépôt légal : février 1990.
Numéro d'imprimeur : 900363.

ISBN 2-07-071828-X/Imprimé en France

48802